天下文化
BELIEVE IN READING

成為啟動未來的力量

王怡棻、王維玲、王曉晴、沈勤譽、林芝安、陳芛薇、黃筱珮、錢麗安——著

目錄 Contents

序

人才是驅動前行的關鍵

蘇慧貞 成功大學校長

成功大學今年九十一歲了，在望向百年的進程中，我們始終相信，人才的養成是大學的核心任務，是驅動前行的關鍵。

翻開台灣近代發展史，當年為求結構性地從農業社會轉型至工業社會，政策上加緊步伐培育高等工業與技術人才成了首要之務。也因此，從一九二八年至一九三四年，台灣總督府每年平均撥出約總營繕經費的十分之一來建設台南高等工業學校，這是台灣最早設立的高等工業教育學府，也是成大的前身。

如此高量能的投入，背後代表著對未來無限的憧憬，以及對優秀人才的高度期待。

藏行顯光 成就共好

一九五〇年代，戰後的台灣，滿目瘡痍、百廢待舉，發展基礎工業與重工業迫在眉睫，孕育自成大的科研人才，在簡薄嚴苛、資源有限的條件下，一步一腳印，由點而線而面，逐步耕耘，成為各項重大建設的骨幹主力，為南台灣重工業奠定根基。

無論是當年的混亂變遷或之後的承平時期，不管面臨地震、登革熱或疫情，成大都以長年累積的科技、工程與醫學能量，支撐著台灣社會在關鍵時刻挺過重重考驗。其中，有許多學習、感謝，更有諸多挑戰應運而生，在急速奔騰的巨流裡，不變的是，成大始終埋首奮搏，反恭自省，用低調謙遜之姿，無私勇敢地付出、承擔重任。

是的，如果要描繪成大人獨一無二的特質，那麼，「藏行顯光，成就共好」應是最好的回答。

我們始終相信，人的素質是一切討論的依據。顯性的素質可以表現在專業技術能力或個人實力等，而隱性的素質則是對人的理解、同理等人文涵養，以及在關鍵時刻，內心取捨的標準是什麼。

大學教育，要能成就持守倫理道德標準的公民、具備跨專業與通識能力的公民，以及超越文化、地理、政治、信仰等不同疆界的公民，唯有如此，所操持的每一個議題或面向，才會完整而獨特。

大學獨一無二的使命，就是透過對自我價值的堅持，發揮影響力，得到敬重。為此，我們要繼續要求自己，是努力的、進步的、前瞻的、無私的，有能力開創新思潮的，而且持續實踐，並在實踐過程中時時檢視自己，這是我八年來，未曾改變的核心價值。

當然，在每個當下的抉擇，可能面臨各方利益折衝、無數溝通，但在我內心深處有個最根本的依據，亦即，大學不能放棄真理，我們能否在一個比較大的共好、比較高的社會福祉、比較能夠望見那個美好未來的標準之上，做出最終的選擇，這是大學教育應該堅持守護的價值。

合心同炬 歷久如一

未來，高等教育最大的挑戰是，想像未來的能力。

在堅持勇敢無私地做「對」的事情的路途中，挫折難免、灰心難免，甚至放棄。然而，透過文字、影像等紀錄，展讀一篇篇成大人的生命故事，會讓彼此有不一樣的體悟。

回顧一路奮進的歲月，我們看到了安靜樸實的工程師帶動整個竹科園區啟動工業化、作家用文字捍衛文明價值，進而引燃一場場思潮革命……，他們幾乎都曾經歷一無所有的時刻，鋪天蓋地的打擊迎面而來，也令每個人在不同的生命階段經歷刻骨銘心的挑戰，而他們如何在時間淬礪下仍能選擇繼續正向貢獻、回饋己力，值得細細領略。

迎向百年成大，我們希望和更多人分享成大與台灣一起成長的故事。因此，延續了二〇二一年出版，獲致廣大迴響的《成為世界相信的力量》一書，在二〇二二年再次呈現以資深典範校友為主的《成為引領前進的力量》，以及中堅世代校友的《成為啟動未來的力量》兩冊，希望藉著更多傑出校友的生命歷練，期許同輩後進努力去理解、保護且珍惜所有美善的心意與努力。

從「藏行顯光，成就共好」到「合心同炬，歷久如一」，成大的理念在其中不斷展現。最終，我們期待，不論個人、社群、城市或產業，永續積極地建立夥伴關係，打造一個共榮互好的生態鏈，進而合力共擬出下一個世代的美好樣貌，不負一所立足於歷史之都台南，值得信賴與期待的大學之崇高使命。

前言

成為啟動未來的力量

一九七一年台灣退出聯合國、一九七二年台日斷交、一九七三年發生第一次石油危機……，七〇年代的台灣，如國際孤兒，處境艱難。

面對內憂外患，政府加緊腳步在島內廣興建設，進行第一中山高速公路、鐵路電氣化、桃園國際機場、煉鋼廠、造船廠、台中港、核能發電廠等國家級基礎建設工程，為日後台灣經濟起飛奠定根基，從而帶動經濟轉型。

一九五〇年代以後出生的成大人，此時正值青春年華，懷抱著理想與勇氣，帶著一身專業，從陸、海、空各個面向，參與各地如火如荼展開的重大建設。

「這個世代的校友，在台灣社會既有的基礎建設上，一躍而起。他們或是串聯國際、跨越多種教育訓練，開拓出嶄新風貌；又或者，專注工學教育，但總是不斷充實自我涵養，日後在商務、金融或藝術等不同領域有所成就，包括台灣現在最具代表性的物流、電商、音樂、人工智慧

成大人從陸、海、空各個面向，參與台灣各地重大建設，成為推動台灣進步的力量。圖為成大於一九九八年舉辦的全世界最大平面造波水池開幕典禮，這也是全球第二大的大型斷面水槽，吸引各國一流機構前往交流，運籌水域經濟建設，時任行政院院長蕭萬長（中）、經濟部部長王志剛（左四）等人均親往出席。左三為時任成大校長翁政義。

走過日治時代的工業導向，如今的成大已經是一所綜合型大學，擁有濃醇的人文底蘊，也有前瞻的創新思維，以科技之力創造美好未來。左圖為一九八〇年代的成大航太中心，右圖為一九八七年的成大航空太空試驗場。

等，或從軟體結合硬體，或直接投入支撐全台經濟命脈的半導體產業，」成功大學校長蘇慧貞一邊說著，一邊露出欣慰的笑容。

她語氣鏗鏘地表示，有意義的大學，本就應該啟動前瞻思考、具有想像願景的能力，透過堅持價值及勇於承擔，合力讓改變發生，共創美好的下一世代。

談到校友的生涯發展，蘇慧貞難掩自豪：「成大人總是能夠掌握趨勢、勇於挑戰自我，也總是不斷設定命題並尋求解答，促成各種美好未來的可能。」

而當這些元素，展現在校友的生命故事中，便是每個人都深具特色，為台灣社會的未來發展留下濃墨重彩的一筆。

為公眾利益謀發展

海洋學者邱文彥曾擔任環保署副署長、立法委員，為台灣這片大地奮戰不懈。他結合跨黨派立委共同推動通過《環境教育法》、《濕地保育法》及《海岸管理法》三套重大法案，守護藍色國土，為土地永續發展貢獻甚深。

科技部前部長陳良基有「台灣科技創新教父」美稱，擁有超過

四百二十篇學術著作和二十一項美國專利；他也是第一個本土博士科技部部長，任內讓台積電先進製程根留台灣；然後回到教育界培育人才，並著手推動 AI 創新研究，為台灣儲備三十年後的產業量能。

台大醫學院教授蘇大成行動力十足，既是心臟內科醫師，也兼具公共衛生與環境職業醫學專長，他積極走入社區從事預防心臟學研究，成為關心民眾生活、環境健康及環境醫學研究的先驅醫師，並促成勞委會於二〇一六年將每週工時縮減至四十小時。

義大醫院院長杜元坤是顯微及臂神經叢手術領導先驅，自創的臂叢神經術揚名國際，被稱為「杜氏刀法」，吸引各國醫師來台取經。多年來，他親自帶領同仁援助醫療弱勢地區，組隊義診、代訓醫師，被帛琉媒體譽為「上帝派來的天使」，台灣媒體則稱他是「守護澎湖十萬人的離島狂醫」。

除了在公共領域奔走眾人之事，在台灣經濟命脈的高科技業，成大人更是走在趨勢前端。

投入高科技，支撐台灣經濟命脈

南茂科技董事長鄭世杰是「逆轉勝」大將，他的故事見證了「走不下去，才是一切的開始」。他在一九九七年創立南茂，以優越的技術在半導體封裝測試領域中穩踞世界前十名；即使面臨金融海嘯重創，在幾乎一無所有之際，他仍成功讓企業起死回生。

美國加州大學洛杉磯分校（UCLA）講座教授楊陽，是歐洲科學院（EURASC）院士。他傾盡心力投入有機太陽能元件領域的研究，不僅為有機光伏元件帶來商業化的可能，成為全球矚目的熱門研究領域；二〇一三年，他帶領研究團隊進入鈣鈦礦太陽能電池領域，傑出的研究成果，登載於《科學》（*Science*）雜誌。

佳世達董事長陳其宏擅於開創新局，他以不到九年時間，讓佳世達營收翻倍、獲利增加五倍，登上全球前二大顯示器廠商的地位；不僅如此，他提出「聯合艦隊」策略，陪著台灣中小企業在全球不景氣中突圍成長，也讓佳世達轉型成為橫跨資訊、網通、醫療與智慧解決方案的全球科技集團。

廣達電腦技術長張嘉淵彷若有「超越地心引力的創新能量」，在全球擁有兩百二十多件的設計與發明專利授證，心心念念將研發成果用來提升人類社會生活的品質，例如：降低開發中國家數位落差的百元電腦、以 AI 和雲端運算技術重新為兩廳院打造售票系統；而在商業場域，他則是帶領廣達 BU12 事業部，主導智慧物聯網、智慧醫療及智慧農業等新事業，期望以科技之力創造美好未來。

跨域發展，多重貢獻

在多變的環境中，成大人並不自我設限，示範了跨域發展的生命廣度。

林福星從化工博士變身為金融集團專業經理人，如今是富邦人壽副董事長暨富邦金控投資長。在他的偕同帶領下，富邦金控連續十三年榮登台灣金控業每股盈餘獲利王；富邦人壽扭轉創業期的虧損困局後，十二年來已獲利數千億元，兩度蟬聯亞洲最佳壽險公司；此外，他一手創立富邦媒體科技公司（momo 購物），則成長為台灣規模

最大的電商品牌。

遠通電收執行董事兼總經理張永昌，曾帶領陽明海運從國營企業轉型為國際級的航運公司，然後中年轉業，協助國道高速公路局建置ETC（高速公路電子收費系統），並帶動台灣運輸產業升級轉型，配合政府整廠輸出海外擴展方案，搶占全球智慧運輸市場。

用一生創造一種極致光彩

陳樂融大膽揮灑自我，既是作詞家、作家、主持人、編劇、文化評論家、品牌及行銷顧問，也是人文心靈講師，用文學、音樂與藝術，撫慰無數人心。三十年來，創作過許多風靡華人世界的經典歌詞，協助創辦台灣開放廣播頻道後深具影響力的「飛碟聯播網」，並參與成立中華音樂著作權協會，堪稱台灣流行音樂界重要的創作與推在跨步邁向百年的道路上，成大人期許自我，以前瞻創新的風貌，傳承共榮互好的精神。圖為校長蘇慧貞（後排中）於成大創校九十一年校慶與國際生合影。

動者。

在跨域發展之外，也有成大人立志一生做好一件事，以極致的成果回饋眾人。

中鋼公司董事長翁朝棟，完成了中鋼民營化與四階段擴建工程，帶領團隊重新審視盤點及建立檢核流程，獲頒經營管理的最高榮譽——國家品質獎。之後他帶領中鋼在越南開創新局，返台後更進一步翻轉中鋼連續虧損的困境。

全訊科技董事長張全生，是「開創自己的藍海」最佳範例。他於一九八八年創立全訊科技，鎖定最難做的軍用砷化鎵（GaAs）市場，目前為中山科學研究院最重要的供應商之一。台灣自主研發的新一代反飛彈系統，具有超高速精準鎖定目標的防禦能力，其中負責精確瞄準的微波元件，即由中科院與全訊合作開發。

初安民從《聯合文學》雜誌的編輯、主編、總編輯，到創辦印刻文學生活雜誌出版社，縱橫阡陌出台灣文學景象與出版史。《印刻》採取當時極罕見、以作家人像做為雜誌封面的做法，在內容上不拘泥於純文學創作，而是以文學為體，結合且延伸至表演藝術、電影、飲食、生活等議題，帶動出版與文學界新一波風格。二〇二一年獲得媒體出版界最高榮耀，金鼎獎「雜誌編輯獎」。

中央研究院生醫轉譯研究中心主任吳漢忠，致力於癌症及傳染病新療法的研發，長期進行基礎及轉譯醫學研究，迄今已發表超過一百三十篇國際期刊論文、獲得八十三項專利。除了帶領生醫轉譯研究中心與國際接軌，他更讓生技園區廠商進駐率從一八%飆升至百分之百，促使台灣生技蓬勃發展。而他的努力，在國內外都獲得肯定，於二〇二一年獲選為美國國家發明家學院院士（NAI Fellow）。

「今年，是成大邁向九十一週年，這些故事銘記著一群無私、勇敢付出的成大人，用前瞻創新的風貌，傳承共榮互好的精神，並且發揚光大。這些，不只是成大人的故事，更是啟動台灣未來的力量，」蘇慧貞說。

撰文／林芝安．圖片提供／成功大學

無論是在公眾領域奔走眾人之事，或是跨域發展拓寬生命廣度，又或者是立志一生做好一件事，總能見到成大人以開闊胸襟、利他之心，貢獻一己之長以創造改變。圖為日治時代衛戍病院，於一九八三年撥歸成大設立力行校區。

永續關懷

邱文彥 海洋學者

為這片大地奮戰不懈

從都市計劃跨足海洋，
邱文彥的人生際遇從此不同。
然而無論是何種身分、透過何種方式，
都是為了讓這片摯愛土地永續長存。

二〇一五年十二月十八日深夜十點十五分，擱置二十三年的《國土計畫法》在立法院第八屆會期最後一天三讀通過，四處奔走的邱文彥終於放下心中大石。這是攸關國土永續發展及土地使用秩序的「國土三法」最後一塊拼圖，也是他立委任內完成立法的第十二項重要法案。

時隔數年回想起那一晚，邱文彥依舊情緒激昂。

從學者出身，歷任環保署副署長、立法委員等職務，不論哪個角色，他都拚盡全力、不辱使命，在職時致力推動海洋教育及環境政策，退休後依然參與公共政策為土地發聲，不論是著書立言、抑或透過畫筆記錄，念茲在茲都是這片最摯愛的土地。

成大都市計劃系的啟蒙

邱文彥是國內重要的海洋學者，曾先後任教於中山大學海洋環境及工程系、台灣海洋大學海洋事務與資源管理研究所，並參與起草海洋政策及相關法案，但事實上，他是「半途跳海」，從都市計劃跨入海洋領域，人生大轉彎。

他是成功大學都市計劃系第二屆的學生。二〇二一年，成大都計系慶祝成立五十週年，一連串「都計五十系列」活動展開，他應邀回母校共襄盛舉，並以「韌性國土」為主題發表演說，跟學弟妹分享實務經驗。

儘管在學已是半世紀前的往事，回想起來仍歷歷在目。

「我印象最深刻的是已逝的姜渝生老師，他幫我們上『規劃理

靈活貫通

身處多變的環境，邱文彥（右）無論參加會議或田野調查，總會隨身攜帶相機、認真記錄，幫助日後思考，貫通所學。

論課』，每次下課前都會要我們回家『參一下』課本哪一頁、哪一段的內容，去思考書裡的意義是什麼，」這句「參一下」對邱文彥很受用。

「我後來從都市計劃跨域到海洋，面臨新挑戰、新思維，『靈活思考』對我有很大的幫助，」邱文彥教學時也會要求學生「參一下」，特別是身處在多變的環境，新興疫病、國際局勢衝擊，學生更需要具備思考的能力，不要只是強記，而是要去思維、去開創，融會貫通所學。

喜歡繪畫的邱文彥也對當年跟著郭柏川學素描印象深刻：「念成大的時候常常在素描課前買一顆饅頭，分成三份，一份當早餐、一份餵魚，一份當成炭筆的橡皮擦。一學期只用一張畫紙，每節下課前擦掉作品，待下次再用，非常環保。」

此外，他那時也跟馬電飛學水彩畫，一次到台南孔廟作畫，學

懷抱世界觀

到國外讀書、看不同文化，讓邱文彥（左二）更有國際視野。就任公職期間，他多次率領相關部會組織或遊說團出席「聯合國氣候變化綱要公約」締約方會議，展現台灣與國際社會共同對抗全球氣候危機的決心。

生們還爬到樹上遠眺風景。

「自在的學風讓人懷念，也對大地產生更濃厚的情感，」回憶起當年的種種，邱文彥本就帶著笑容的臉上，更多了幾分深邃。

從都市計劃跨域海洋

從成大都計系畢業後，邱文彥繼續攻讀中興大學法商學院（今台北大學）都市計劃碩士，入學前參加第一屆都計高考即獲錄取，畢業後申請到內政部營建署建築管理組工作。然而，實際工作後發現，建管與都計有一段落差，不是真正的興趣所在，加上因業務關係經常與建築師互動，常聽建築師們分享到國外研習的經驗，讓他對留學產生憧憬。

> 要去思維、去開創，融會貫通所學。

邱文彥利用工作之餘勤讀，一九八四年他考取教育部公費留學，赴美攻讀環境保護法，一九九一年獲得美國賓州大學「都市與區域計劃」碩士及博士學位。

「很多人好奇，我學的是都市計劃，怎麼突然間『跳海』了？」從都市計劃跨域到海洋範疇，甚至成為擘劃台灣海洋政策的要員，並不在邱文彥原本的人生計畫之中，其中轉折，起源於太太黃淑芬看到一則報紙求才廣告。

一九九一年從美國回台的邱文彥正思索著職涯方向，某天太太在報紙上看到中山大學海洋環境系徵聘老師，需要擁有規劃及環保兩項專長的背景。

當時，邱文彥有機會在熟悉的都計研究所教書，但完全不懂海洋。擁有規劃專長的他，心想：「是不是可以找個全新的領域試看看？」

這是邱文彥跨足海洋領域的起點。

守護藍色國土

人生無法重來，他當初選擇跨域工作，從此一輩子有了不同的風景。「現在想想很值得，」他認為，年輕的學弟妹們也應該勇敢挑戰自己，最好能出國念書，懷抱世界觀，行萬里路看不同文化，擁有更大的包容性。

> 學習要專業，但不要自我設限。

三十年前就勇敢跨域的邱文彥，衝勁毋庸置疑，然而隨之而來的挑戰也是扎扎實實。對於海洋知識陌生，邱文彥只能加緊腳步趕上，「那時經常纏著系上老師李忠潘，有不懂就請教他，至今想起依然充滿感謝。」

因為這個轉彎，邱文彥發現，台灣有一批很專業的海洋學老師，也有一批很懂規劃管理的老師，「但結合海、陸兩域的專家很少。」因此，他總是不忘提點學生培養跨域思維，尤其台灣四面環

勇敢跨域

三十年前從都市規劃跨足海洋領域，邱文彥的衝勁十足，雖然要學習許多陌生知識，卻也因此走出新的領域，成為結合海、陸兩域的專家。

海，海洋與陸地互動關係緊密，更需要專精海陸整體規劃的人才。

「學習要專業，但不要自我設限，」這是他給年輕學子的忠告。

推動台灣邁向海洋國家是邱文彥長年努力的方向，他認為台灣四面環海，但在長期戒嚴、威權體制下，政府對海洋採取管制性做法，導致多數人對海洋有距離感，並不親近，也不了解海洋。而解嚴後，台灣海岸卻又幾乎處在毫無管制的狀態，各單位往往互踢皮

如海水沒有顏色

邱文彥（左三）會勘高屏鐵橋濕地，他深信，只要對人民及國家有益的法案政策，就該不分黨派，全力推動。攸關國土永續發展的《國土計畫法》、《海岸管理法》、《濕地保育法》，更在他任期最後一刻，全數完成立法。

球，應有統一事權，守護寬闊的藍色國土。

邱文彥記得，小時候跟表姊到海邊玩，喜歡畫畫的他隨手帶著紙筆，坐在沙灘上畫了起來。突然有個軍人靠近，冷不防拿刺刀頂著他和表姊，指著沙攤上矗立的標語說：「你們沒看到這裡禁止測量、攝影、描繪嗎？」

軍人還大喊：「班長，發現匪諜！」幸好班長很明理：「就兩個小孩子，什麼匪諜！」揮揮手要他們趕快離開。

如今說起來會忍不住發笑的情境，當時邱文彥和表姊卻嚇得六神無主，三步併兩步跑離海邊，回到家還止不住發抖。

> 法律是國家的，是大政方針，是福國利民之事，不是哪黨哪派的。

「海洋這麼美，可是我小時候對海洋的記憶卻十分晦澀，好像是一個難以靠近的神祕地帶……」跨進海洋學術領域後，邱文彥才開始真正深入海洋，了解海洋管理對台灣永續發展的重要性，大力為海洋發聲。

「台灣人愛吃海鮮，但不懂海洋……」邱文彥舉例，「最近石斑魚的議題熱門，很多人認為吃石斑魚，挑選體型愈大愈好，孰不知石斑魚出生後雌雄同體，大概十到十五歲才變性為公魚，把大隻公石斑魚吃光了，以後就沒有石斑魚可以吃了，所以不應該吃大石斑，而且大石斑體內累積的重金屬和塑膠微粒也比較多。」

他接著說：「海洋有固碳作用，會吸收二氧化碳，有助減緩全球暖化。但隨著二氧化碳溶在海水的量愈來愈多，海水變得酸化，降低珊瑚與貝類這些海洋生物造礁與造殼能力，不僅生態大亂，以後恐怕海裡也找不到貝類和甲殼類了。」

「海洋蘊藏很多寶藏，但如果沒有永續觀念，過度捕撈，加上汙染等問題，都將加速海洋資源耗竭，」邱文彥叨叨絮絮，對海洋的熱愛與心疼展露無遺。

推動「海洋四法」

一九九五年及二〇〇一年，邱文彥分別以「自然保育及海岸管理」、「海洋事務與海洋汙染防治」為主題，兩度獲得加拿大外交部主辦的「加拿大研究獎」，應邀前往加國進行訪問與專題研究，帶回先進國家對自然保育、國家公園管理、濕地保育、海岸管理及國土規劃的做法，成為他日後推動立法、規劃海洋事務組織、海洋汙染應變等機制的重要參考。

二〇〇〇年時，陳水扁就任中華民國總統後，曾參考他寫的「海洋事務主管機關籌設構想書」提出「海洋事務部」的籌設架構；二〇〇八年，馬英九在總統初選時，他也曾起草提出「藍色革命、海洋興國」政策，希望能統籌海洋事務設立「海洋部」。

然而，「長久以來國人欠缺海洋意識，相關機關對於浩瀚大海裹足不前，或推託權責，或漠然無感，即便後來行政院提出組織改造，也僅是《海洋委員會組織法》和《海巡署組織法》的單薄架構，」邱文彥忍不住感嘆。

於是，擔任立委期間，他大力奔走，推動政院組織改造中被譽為最具亮點的「海洋委員會」組織四法，包括：《海洋委員會組織法》、《海洋委員會海洋保育署組織法》、《海洋委員會海巡署組織法》、《國家海洋研究院組織法》四個重要法案通過，逐步統合海

換位子不換腦袋

邱文彥經常上山下海做田野調查，無論面對海洋或土地、從擔任官員到立委，只要有機會，他就努力宣導生態永續的理念。

洋政策與事務。

二〇一八年四月二十八日，海洋事務最高主管機關「海洋委員會」（簡稱海委會）終於成立。

「海委會」與理想中的「海洋部」，顯然還有一段距離，但邱文彥認為，至少在多年努力下，已有「海委會」這個起點，負責國家總體海洋政策、海域安全、海岸管理、海洋保育及永續發展、海洋科技研究與海洋文教政策等，成為海洋事務職能統合、小而美的海洋主管機關，「這象徵的是台灣邁向海洋國家的新紀元。」

此外，健全海洋發展，海洋產業與教育也是重要一環。

> 海水雖然因為天候、角度、光線而有不同深淺的顏色，看起來有藍有綠，但用手捧起海水會發現，海水其實無色。我也是，我沒有顏色。

邱文彥記得，過去台灣造船產業興盛，一九九四年間他首次代表台灣出席亞太經濟合作組織（APEC）海洋資源保育工作小組會議，嗣後負責編輯《APEC海洋資源保育及漁業聯合特刊》，有位外國友人因為看到刊物介紹，買到物超所值的台灣製遊艇，特地寫電子郵件道謝，沒想到他隔幾年想要再次購買，卻發現那家遊艇公司已經出走到對岸。

產業出走讓人憂慮，向下扎根的海洋教育也不斷流失人才。

「過去海洋大學有造船系，現在改名為『系統工程暨造船學系』，雖然系所還在，但培養出的人才很多都跑到資通訊、半導體產業，很少留在造船業，」這個現象也讓邱文彥更殷切企盼，「希望政府與產業、學術界能投注更多心力，海洋研究與海洋產業還有很多面向等待開發與茁壯，台灣應該要更重視海洋教育。」

追求生態永續模式

事實上，邱文彥不只熱愛海洋，他更深信，人類對於自然資源都應「取之有道」，並追求生態永續的發展模式。即使職位轉換，這個原則始終不變。

一九九五年，他起草《民間搶救濕地宣言》，著手挽救關渡、香山、七股、龍鑾潭及蘭陽溪口五處濕地，開啟國內濕地保護概念。

二〇〇一年，在行政院《國家永續發展委員會行動計畫》中，促成台灣普查濕地與珊瑚礁，並於二〇〇七年劃設七十五處國家重要濕地。

二〇〇八年，邱文彥獲拔擢為環保署政務副署長，對於許多重大開發案，如：國光石化環評，具有官方代表身分的他更不願放棄在各種場合闡述理念、表達反對意見；此外，他多次率領相關部會組織代表團出席「聯合國氣候變化綱要公約」（UNFCCC）締約方會議，進行多邊會商，爭取參與國際組織的權益，並展現台灣與國際社會共同對抗全球氣候危機及邁向二〇五〇年淨零排放的決心。

「人家說『換位子，就會換腦袋』，但是我沒有，」邱文彥自豪地說。

二〇一二年二月一日，邱文彥出任國民黨不分區立法委員，進入立法院服務，人生又有不同的風景。

成為立委的第二天，邱文彥即聯合民進黨立委田秋堇、親民黨立委張曉風等人，召開「搶救（屏東縣萬巒鄉）五溝濕地公聽會」，旋即聯合民進黨立委林淑芬等人啟動跨黨派濕地立法工作，終在二〇一三年通過《濕地保育法》。

邱文彥擔任公職與立委期間，共起草與推動十二個重要法案立

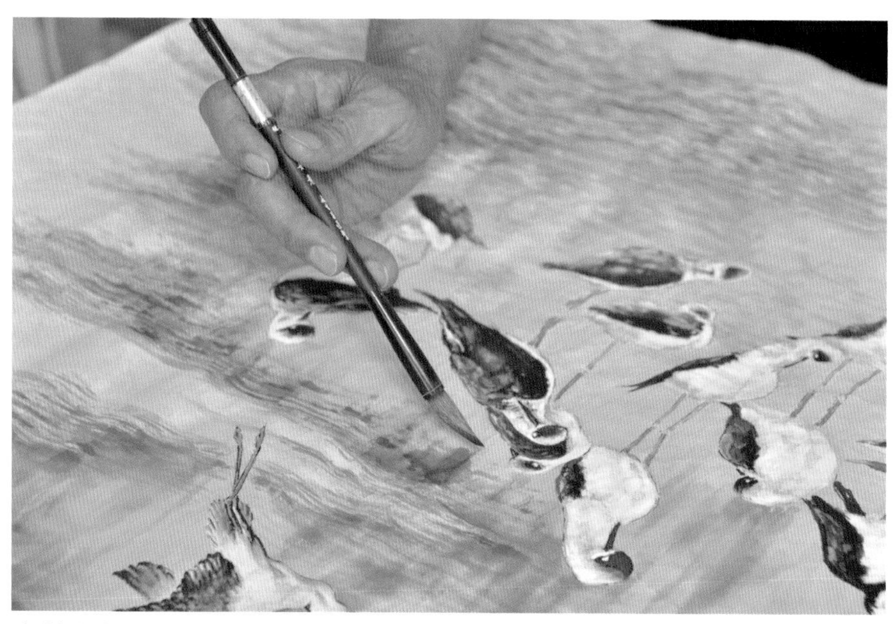

念茲在茲

從小喜歡繪畫的邱文彥，退休後有更多時間作畫，他把保育議題帶入畫裡，念茲在茲的都是這片土地。此刻筆下是一群高蹺鴴結群活動，在開闊的濕地上覓食。

法，包括：在立院擱置十八年的《環境教育法》、《濕地保育法》，二十三年的《國土計畫法》，二十五年的《海洋管理法》，以及三十年的《博物館法》等，都順利通過。

海水沒有顏色，我也沒有

「成功不必在我」，即便表現不凡，但邱文彥認為：「法律是國家的，是大政方針，是福國利民之事，不是哪黨哪派的。」所以，他堅信跨黨派合作的重要，而他也確實經常奔走在藍綠之間，尋求認同，甚至曾有國民黨立委不諒解，質疑他到底是藍是綠。

他回答：「你去看海。海水雖然因為天候、角度、光線而有不同深淺的顏色，看起來有藍有綠，但用手捧起海水會發現，海水其實無色。我也是，我沒有顏色。」

邱文彥深信，只要對人民及國家有益的法案政策，就該不分黨派，全力推動。因此，除了跨黨派合作立法，也應該協調各部會，尤其是重大開發計畫，更要捐棄成見，不要造成環保和經濟的對立，要從中尋求最好的契機。

攸關國土永續發展及土地使用秩序的「國土三法」——《國土計畫法》、《海岸管理法》、《濕地保育法》，更在他任期最後一刻，全數完成立法。

《國土計畫法》協商到最後一刻，過程「驚濤駭浪」。「那時王金平院長說，所有法案在下午三點送來，逾期不續審，這已是我任期最後一天，這法『非過不可』！」邱文彥把握分秒，勤跑每個黨團溝通，最後協商版本送到議事組是下午兩點四十八分，差關鍵的十二分鐘順利進入二讀，晚上十點半終於通過三讀，「敲下議事槌時很感動，真的非常不容易。」

「並不是我有多偉大、多厲害，而是我認為，做什麼都要敬業，既然決定要做，就要做到最好，」邱文彥在立院經常都是第一個到，並且全程參與，直到主席宣布散會才走。

「我敢說，我擔任立委的每一天，都確實兌現對人民的承諾、不辱使命，」講到這一點，他的眼中有光。而話鋒一轉，他笑著說：「成大人都是『土土木木』（意味做事踏實），是社會上很重要的中堅力量，我很有幸曾受到成大的滋養。」

不論身處哪個職務，邱文彥只要有機會就努力宣講立言。他經常在報章雜誌、社區大學、學術研討會及非政府組織發表文章和演講，傳揚環境與海洋保育理念。

退休後，有更多時間作畫，邱文彥又把熱愛的保育議題帶入畫裡，二〇二二年以石虎為主題畫成〈等待〉入選「台陽美展」；畫中，兩隻攀在樹幹上的小石虎看著遠方，等待可能已遭獵殺的石虎媽媽歸來，反映出石虎處境的艱難。

手上還進行著另一幅畫作，一群高蹺鴴結群活動，在開闊的濕地上覓食。邱文彥邊拿著畫筆畫著、邊開玩笑說：「我是被環保和海洋耽誤的畫家……」其實，不論是當老師的邱文彥、當官員的邱文彥、當立委的邱文彥，還是當畫家的邱文彥，心心念念、割捨不下的，都是這塊土地與海洋。

撰文／黃筱珮．攝影／黃鼎翔．圖片提供／邱文彥

邱文彥：時代在變，跨域學習才能迎接新挑戰

這是變動的時代，不論氣候變遷或新冠肺炎，都對環境產生巨大且深遠的影響。我希望年輕學子一定要有國際觀，同時要能夠融會所學，因為有國際觀才能有寬闊的思維，跨域學習進而開創新局，以迎接全新挑戰。

以「建築設計」來說，因新冠肺炎衝擊，共用管線與空調的設計已不再適合，很可能一人染病、傳染全棟。同時，建築物也不再僅限居住而已，疫病時代要兼具工作、育兒、學習、購物等多項功能，因此建築系、設計學院，甚至交通管理系，都應該好好思索怎樣的建築設計、空間規劃及交通系統，才能因應新興傳染病和未來淨零碳排的居住需求。

另外，像是氣候變遷問題，設計學院的學習方向也應與聯合國的SDGs二〇三〇年永續發展目標結合，打造出最新、最有創意、最能兼顧環保與實用性的鑽石級、零碳或負碳的綠建築，以引領風潮。

未來的世界一定跟現在不同，日新又新，期待年輕學子們能更有想像力、富有思考力，並有解決問題的能力，與時俱進，並且跑在前頭，成為各行各業的標竿，開創更美好的世界。

世代傳承

翁朝棟 中鋼董事長

你要為未來留下什麼

中鋼在國家處境艱難時創立，
翁朝棟努力延續前輩們建立的企業文化，
要將無私奉獻的精神及誠信正直的價值觀，
傳承給新一代中鋼人。

「凡是學有專長，具有實力幹勁的青年朋友，公司正熱情地歡迎你參加我們的行列，共同為發展我國重工業，寫下一幕歷史的新頁。」這段文稿是節錄一九七二年中鋼公司首次在《中央日報》刊登的招募人才廣告，整篇內容經由中鋼創辦人、經濟部前部長趙耀東改了四次才刊登在報紙。

這不只是廣告，更像是一項宣告——在當時台灣退出聯合國、國際生存環境十分艱難之際，趙耀東承擔十大建設之一的「大煉鋼廠」使命，登高一呼，廣邀志同道合的青年一同加入建設國家的行列。中鋼董事長翁朝棟，當時正是參與這個大建設時代的火熱青年之一。

自一九八〇年進入中鋼，翁朝棟跟著建廠元老馬紀壯、趙耀東、劉曾适等前輩以廠為家、無私奉獻的偉岸背影成長，近半甲子的歲月過去，他從一個對未來有些懵懂的年輕人，歷經多項職務，成為最年輕的行政副總經理，到歷經突破中鋼海外越南建廠的艱辛困難，從曾經參與中鋼創建時代的青年，如今已成為創造中鋼新時代的領導者。

自我設定高標，持續追求進步

身穿藍領中鋼制服的翁朝棟精神矍鑠，大步走入中鋼集團總部大樓會客室，南台灣炙熱的陽光灑進落地窗，背靠高雄港埠的脈動起伏，呈現一派欣欣向榮的蓬勃生機。

雖然身處鑽石級綠建築的中鋼集團總部大樓接受訪談，但是翁朝棟心中對中鋼最深刻的記憶，仍是他第一次踏入小港廠區的情景——那時最先映入眼中的，是與中鋼比鄰的中船公司（二〇〇七年更名為台灣國際造船公司，簡稱台船）兩座紅色醒目的三百五十噸門型吊車。當視線沿著中船氣派的門面往左一看，在留給人車通行的小小出入口旁，才是外觀毫不起眼的中鋼。

捨我其誰

翁朝棟（右一）在台灣大力推動十大建設之際，響應時任經濟部部長趙耀東的登高一呼，懷抱共同建設國家的使命感加入中鋼，與一群年輕人在充滿朝氣與開創性的氛圍下工作，產生強烈的認同感與使命感。

趙耀東曾說：「中鋼沒有大門，所以中鋼永遠不會有關門的一天。」這充滿雄心壯志的一句話，點燃翁朝棟的滿腔熱血。

當時中鋼正進入第二階段建廠工程，一群年輕人挽起袖子跟著外籍工程專家學習鋼鐵知識，不眠不休勤奮工作，這種充滿朝氣與開創性的氛圍，大大引起翁朝棟的共鳴，覺得「這間公司很不一樣」，進而對中鋼產生強烈的認同感。

翁朝棟剛進入中鋼從事的工作，主要負責外事業務，即規劃安排外籍顧問的工作生活起居，後來陸續輪調到公共事務處、人力資源處等不同單位及職務歷練，工作表現極獲讚賞。例如，中鋼自一九九八年建立「員工持股信託」制度，即翁朝棟擔任人力資源處處長時所推動，在當時是相當具前瞻性的員工福利措施，至今仍為中鋼同仁津津樂道。

傑出的表現，讓翁朝棟四十五歲就擔任中鋼有史以來最年輕的行政部門副總經理，然而在日常工作之外，他從未忘記幫自己設定挑戰的目標。

進入中鋼後，翁朝棟先花了兩年時間取得中山大學企管碩士，「但是我又想，身為中鋼人，怎麼能夠不懂礦冶？」即使看似與工作無關，但他仍決意報考成功大學資源工程研究所博士班，並展開連續六年往返高雄工作與台南讀書的生活。因為翁朝棟是自主應考，必須設法兼顧工作與課業，可以說是過著全年無休的日子。這種毅力，令他的指導老師成大資源工程系教授陳家榮印象深刻：「一般人到副總這個位置，何必這麼辛苦，換我也不會來念博士。」

他人眼中的自討苦吃，翁朝棟卻始終甘之如飴：「回到學校，這是很大的樂趣，人就是要不斷進修，讓自己不斷成長。」

在單純的成大校園環境中，翁朝棟勤奮讀書、做英文簡報，與老師、同學們分享自己的觀點，他也喜歡在下課後漫步在成大校園，看著松鼠在蒼翠婆娑樹影間穿梭躍動的景象，可以將工作的高壓暫時拋到腦後，獲得沉澱思緒的寶貴時光。

「個人的學習成長，你可以自己設定目標，但做事就不一樣了，很多狀況不是你能主導的，」翁朝棟淡淡地說，相較於沒有利害關係的校園生活，職場中錯綜複雜的人情世故更令他煩憂。

持續精進自我

在中鋼當上有史以來最年輕的行政部門副總經理後，翁朝棟（右）仍不忘設定挑戰目標，先花兩年時間取得中山大學企管碩士，之後更報考成大資源工程研究所博士班，展開連續六年往返高雄工作與台南讀書的生活。這種毅力，令他的指導教授陳家榮（左）印象深刻。

踏出舒適圈

二〇一一年年初，翁朝棟受到老師馬凱的勸說與鼓勵，最終決定接受外派越南，勇敢接下挑戰。圖為翁朝棟擔任CSVC董事長兼總經理時，同仁所贈與的Q版畫像。

二〇〇九年，中鋼啟動新世代人事布局，翁朝棟從中鋼行政副總被轉派到業務蒸蒸日上的子公司中聯資源擔任董事長。這個調任的用意，是希望增加翁朝棟在不同職位上的歷練，日後可為公司承擔更多責任。

「我一直在思考，要幫中聯資留下什麼制度，」新官上任的翁朝棟發現，中聯資的運輸、採購及廠商調查等規章制度仍可大幅精進，所以他帶領團隊重新審視盤點、建立檢核流程，並成功在二〇一〇年獲頒經營管理的最高榮譽「國家品質獎」——這是在中鋼之外，第一個獲得此榮譽的集團子公司。

沒想到，二〇一一年年初，翁朝棟突然被莫名外派越南，接任中鋼住金越南公司（現為中鋼日鐵越南公司〔CSVC〕）董事長兼總經理。CSVC是中鋼第一樁海外投資蓋廠案，總投資金額高達十二億美元，而且主要是跟當時粗鋼產量全世界第二大的日本新日鐵住金（現為日本製鐵）合資。

偏偏，這個投資案自二〇〇九年便因為徵地問題卡關停滯，工程已延宕超過二十個月。當時的中鋼高層向翁朝棟立下軍令狀，不只要建廠如期完成，更要讓CSVC成為中鋼在東協布局的灘頭堡，積極拓展國際市場。

一念意轉，迎難而上

「我們都知道，這次調派，公司不是要給你磨練的機會，而是要把你流放到北海去牧羊，」翁朝棟談起這段往事，除了自嘲外仍難掩情緒，明明問心無愧，卻必須遠離家人，接手當時人人避之唯恐不及的燙手山芋。

但是，翁朝棟的老師、知名經濟學者馬凱教授卻力勸他接下任務：「你過去都在行政部門，沒有建廠經驗，既然公司願意投資十二億美元讓你去蓋一個廠，為什麼不抓住這個機會去學習？」

「我當時真的不想去……」理智與情感天人交戰，前途與親情難以放在同一個天秤上衡量，翁朝棟陷入痛苦的抉擇。他放心不下相依為命的年邁母親，如果去了越南，母親該由誰照顧？左思右想，似乎只剩下離職這條路。

恰逢農曆年，馬凱再度致電給翁朝棟，敦促他下定決心，甚至撂下愛之深、責之切的重話：「你怎麼還想不通？人就是要走出舒適圈，被打擊就灰心喪志，我真的看不起你！」

在家人及師長的鼓勵下，翁朝棟決定懷抱著當年中鋼創建「今天不做，明天就會後悔」的決心，搭上飛向越南的班機。

置之死地而後生

人們往往樂於傳誦史詩中英雄奮起的痛快情節，但是卻少有人想過，身處低谷中的主角，需要耗費多大的心力，才能置之死地而後生。

即便做出決定，翁朝棟心情依舊沉重，出發前往越南的那一天，他記得：「那天正好是二月二十八日，一個悲情的日子。」萬呎高空中的厚重雲層，就如同他當時的心境一樣晦暗不明，即使在越南落地安頓，翁朝棟偶爾心中仍會湧起不知為何而戰的茫然。

幸好，翁朝棟從越南在地戰友身上，找回前進的動力，「我不能因為自己的狀態，影響到當地的同仁。」他就像電影《KANO》中的近藤教練，懷著「不一定要贏，但至少不要輸」的信念，帶領台灣、越南及日本夥伴，共同攻下橫在眼前的關卡。

首先要解決的是土地徵收難題。當時CSVC已經取得土地執照，也按照規定給予人民土地拆遷賠償金，但是實際上，若是人民不願意搬走，當地政府也難以強迫執行。

誰都沒想到，翁朝棟上任之後，短短八個月就順利開工。而他仰賴的，正是過往擔任公關、人資的溝通協調能力。

為了取得居民的信任，翁朝棟每週都參加當地政府舉行的徵地會議，陪著越南官員與居民溝通，不厭其煩地傳遞中鋼投資蓋廠的誠意：「機器設備都早已買好，絕對不是來炒地皮，而是要促進當地經濟發展，創造就業機會。」甚至，他還從胡志明市搬到設廠據點巴地頭頓省，跟著建廠人員一起在臨時搭建的工地辦公室工作，充分展現建設當地的決心。

> 面對困難，不要懷憂喪志，一直想「Why me ？」你要想的是「Why not me ？」只要有這種捨我其誰的精神，就不用怕被擊倒。

解決了蓋廠問題，訂單要從哪裡來？從未做過業務的翁朝棟只能土法煉鋼，靠著雙腳到處找客戶、推銷產品，最後他成功打入韓國三星採購體系，更以越南為立足點，跟上新南向的東風，進軍東協市場。

用難修能力，用苦修智慧

追求卓越的路上，注定會充滿荊棘，但翁朝棟想告訴年輕人，失意、憤怒、慌亂、煩憂，甚至出現「Why me」的詰問，都是人之常情，但絕不能耽溺卻步，而是要想辦法轉念，改用「Why not me？」捨我其誰的心情反問自己，才能修練、強化自己的能力。

憑藉著在越南打下的顯赫戰功，翁朝棟在二〇一六年年初調任回台灣，擔任中宇環保董事長，之後再成為中鋼第一個行政部門體系出身的董事長。

大膽改革

翁朝棟（右）接任中鋼董事長後，大膽跳出框架，改革新制，二〇二〇年順利翻轉連續虧損九個月的困境，中鋼也在當年獲得企業永續獎。左為中華民國總統蔡英文。

回想起那段經歷，翁朝棟幽默地說：「當初去的時候，心情很悲壯，沒想到在風蕭蕭兮易水寒的北海會挖出石油。」不過，玩笑背後其實埋著他的深刻體悟：「老天爺是很公平的，祂都幫你安排好了。」

為了成就CSVC，翁朝棟無法陪伴於家人身側，太太也為了照顧父母而放棄穩定的工作，一失一得之間，翁朝棟如今看得再清楚不過：「如果沒有越南的經歷，我怎麼會懂工程、生產和銷售？我接得下中鋼這麼大的事業嗎？」

親身走過這一遭，翁朝棟變得更加豁達，不再因外界風雨而動搖內心，而是更關注自己怎麼在人生中留下價值。

因此，即使翁朝棟並不知道自己日後會當上董事長，他仍不計個人成敗地全心投入，心中只有一個單純的念頭——如果退休後回到越南，這一群越南員工還能記得他，「這代表我們的廠蓋得很好，人生這樣就夠了。」

珍惜溫暖與善意

翁朝棟心中最重視的，是人與人之間的真誠交流。他細數自己在越南期間見證了好幾對台越、日越跨國婚姻的幸福故事，與合資夥伴日本製鐵人員分享《KANO》中獲得的管理體悟，甚至是在越南耕耘已久的台商企業家楊坤祥、丁廣欽，都和他建立深厚、堅定的友誼。

愈是在黑暗之中，人性的溫暖與善意才更顯得珍貴。人在越南工作的翁朝棟在二〇一五年獲得成大傑出校友的榮譽，讓他非常意外：「我又不是大老闆，也不是知名的研究學者，只是一個在越南蓋工廠的人；成大也不知道我後來會當上中鋼董事長，這個獎怎麼會頒給我？」

> 逆境往往是最好的改變時機，只要不拘泥於慣性思維，就能突破困境。

原來，當時成大工學院的教授曾帶著學生到越南的大學交流，翁朝棟當仁不讓，盛情接待母校師長，同行的教授也親眼目睹他在當地開拓的艱辛，「教授們知道我的委屈，所以雪中送炭給我。」不知不覺間，翁朝棟已忘卻孤身前往異鄉的蕭瑟，心中只留下一幀幀動人的情感記憶。

突破慣性，啟動企業改革

因為曾經扎扎實實在逆境闖盪過，翁朝棟接任中鋼董事長後，即便陸續遇到員工大退休潮、美中貿易戰爭、新冠肺炎疫情爆發導致全球鋼市不振，甚至公司遭遇前所未有的虧損困境，他仍沉著應對，不浪費任何一場危機。

「中鋼過去都太順利了，」翁朝棟憂心忡忡地說，從建廠第一年就賺錢，四十九年來只虧損過小半年，他擔心同仁們習慣在順境中按表操課，失去當年中鋼建廠時的銳意進取精神。

於是翁朝棟大刀闊斧推動改革新制，第一步就是針對行之有年的鋼品盤價制度，將部分鋼品從季盤改為月盤。

隨著全球鋼鐵價格波動樣態改變，季盤已無法實際反映當下鋼鐵行情，「鋼價上漲時，中鋼不能跟著漲價；但是若鋼價下跌，中鋼卻必須追溯將差價退給客戶，」季盤的缺點，公司內部早已討論

不浪費每一場危機

追求卓越的路上，難免充滿荊棘，但翁朝棟（前排右四）透過自己在越南的經歷體悟出，每一場危機都不能浪費，經歷困難並設法克服，才能在人生中留下價值。圖為翁朝棟在二〇一五年獲成大傑出校友獎返校聚會。

把每一天當最後一天

為中鋼獻身逾四十載，翁朝棟把任期的每一天都當成最後一天，毫不惜力地全力衝刺。如今，他正在重新梳理企業文化，在原本的基礎上，加入韌性、速度、ESG等新元素，讓中鋼隨著時代不斷前行。

多年，直到翁朝棟上任才改革成功，「因為我不是生產、銷售出身的，所以反而沒有包袱。」他大膽跳出框架，將同仁眼中的劣勢與困難，巧妙扭轉成為施力的支點。

中鋼的鋼品有一千多項，盤價制度變革勢必連帶影響入單、生產排程規劃等，「業績好的時候，大家訂單很滿，改變就會引來怨聲載道；在景氣低迷的時候，大家才會願意接受，」翁朝棟對人心的掌握堪稱爐火純青。同時間，為了減少客戶反彈，中鋼採漸進式改革，讓客戶逐漸習慣月盤模式。

企業的改革轉型並不會立即見效，二〇二〇年年初推動的新盤價制度並沒有讓公司立即停止虧損，「但是對的事情總要堅持下去，」在翁朝棟按步就班執行之下，中鋼恰巧搭上二〇二〇年第四季鋼市回溫，立即調升鋼品售價、全力衝刺產銷，不只翻轉連續虧損九個月的困境，公司全年也轉虧為盈。

在疫情衝擊全球製造業的二〇二一年，翁朝棟帶領中鋼締造過去五十年來的最佳營運成績，關鍵正是勇於突破慣性的創新精神。

要為未來五十年留下什麼？

儘管改革成績傲人，但是，比起財務數字，翁朝棟投入最多心力的，其實是人才培育與經驗傳承。

與日本製鐵合資營運跨國公司的經驗，讓翁朝棟發現中鋼人才制度的不足，「日本人都是將優秀的人派到印度、巴西或東協等最艱困的地方，但中鋼剛好相反。」於是，他改變做法，將有潛力的年輕人直接派到印度、越南及東協國家等地磨練；同時間，他也完善外派制度，「過去大家不願意去海外，是因為離開公司營運中心，容易被遺忘。」如今，外派人才三年一任，能「存活下來」的優秀人才，回台灣就能優先升遷。

「在中鋼，只要努力做事，就能夠被公司看見，」這是趙耀東等前輩們為中鋼留下的企業文化，經過了半世紀，這個傳承的使命交棒到翁朝棟手中，「現在變成我要留下什麼給中鋼。」

翁朝棟正在重新梳理企業文化，在原本的基礎上，加入韌性、速度、ESG（Environmental，環境保護；Social，社會責任；Governance，公司治理）等新元素。

雖然前方路漫漫其修遠兮，但是他上下求索，將任期的每一天都當成最後一天，毫不惜力地全力衝刺。趙耀東等建廠前輩「做不成，提頭來見」的氣魄，以及無私精神已深入翁朝棟的一生，等待被新世代中鋼人薪火傳承綿延下去。

撰文／王維玲．攝影／黃鼎翔．圖片提供／翁朝棟

翁朝棟：捨我其誰，正面迎戰

中鋼是我的第一份工作，也會是我的最後一份工作。我到中鋼之後，才發現這家公司很不一樣——不需要攀關係，也不用刻意去交際，做好自己的工作，就會被公司看見。所以，年輕人在選擇工作時，一定要看這家公司是不是正派經營。

此外，我也一直想鼓勵年輕人，包括中鋼的同仁，面對困難，不要懷憂喪志，一直想「Why me？」當公司指派了一個任務，你要想的是「Why not me？」只要有這種「為什麼不是我」、「捨我其誰」的精神，就不用怕被擊倒，可以正向迎接挑戰。

就如同馬凱教授當初說的，公司出三百多億元新台幣，讓我去蓋一個廠，人生還會有這麼好的機會嗎？當然，一開始我心中想著媽媽、家庭，心亂如麻，被情緒影響，可是去了之後，我還是使命必達，雖然這個過程很辛苦，但如果人生再讓我選一次，我還是會選擇去越南。

我想用自己的例子來告訴同仁與年輕人，不要把自己局限在當下的現況。二〇二〇年是中鋼最慘的一年，但是逆境往往是最好的改變時機，只要不拘泥於慣性思維，就能突破困境。

為什麼我會有這想法，很簡單，我不是學工程的，也沒有生產、業務的經驗，我憑什麼到越南去蓋工廠、管生產和營運？如果我都能做到，那麼大家一定也都能夠做到。

互利共好

林福星 富邦人壽副董事長暨富邦金控投資長

待人之道也是經商之道

一個個網路平台誕生，
改變了人們的生活習慣與消費模式。
林福星運用商業平台的力量，
推動員工、消費者、社區與環境的互利共好。

商業的創新者總是在高度的競爭與不確定性中驗證自己的視野與眼界，而當創新者運用商業的力量，不只能幫助企業賺錢獲利，同時也能推動員工、消費者、社區及環境的互利共好。這樣的概念，正是富邦人壽副董事長暨富邦金控投資長林福星念茲在茲的核心價值——「財由道生，利緣義取」，因為他相信，「不管人或企業，都應該對社會做出貢獻，才能長遠存在。」

事實上，在林福星的協同帶領下，富邦金控連續十三年榮登台

洞悉本質

年少時期的林福星透過大量閱讀，造就他能夠洞悉事物本質，精準找出撬動局勢支點的能力，也讓他不論是在化工、科技或是商業金融領域，都能轉換自如；而宇宙天文、中國傳統文學經典及宗教典籍，更是滋養了他的心靈。

灣金控業每股盈餘獲利王，深耕永續金融不遺餘力；富邦人壽，扭轉創業期的虧損困局後，十二年來已獲利數千億元，兩度蟬聯亞洲最佳壽險公司。

不僅如此，他一手創立的富邦媒體科技公司（momo購物），更從董事長蔡明忠口中無人在意的「銅管仔車」（台語，意指如破銅爛鐵的車子）一躍成長為台灣規模最大的電商品牌，為上千萬用戶帶來更便利的生活品質。

身兼多職的他，還曾擔任富邦金控創投董事長，多年來致力於扶植和投資新創公司，為社會帶來更多創新動能。

低調而專注

走進林福星的辦公室，沒有豪奢的裝飾，辦公桌上整齊放著待處理的文件，身後牆上懸掛著意趣悠遠的山水畫，在連綿不斷的群山與瀑布溪流之間，有一漁翁獨自立於沙洲之中安然垂釣；另一邊，牆上高掛的「般若波羅蜜」心經及茶几邊的佛經，流露出些許悠然禪意。很難想像，這個簡單樸素、充滿人文氣息的空間，每天吞吐著成千上億元的資金進出。

相較於精明霸氣的高階經理人形象，林福星鮮少公開露面，也不喜歡出風頭，低調的個性讓他在外界顯得有些神祕。

其實，他就像一位充滿智慧的長者，「他是一個你第一眼看到，會覺得非常不起眼的人，」曾與他共事近二十年的富邦媒體科技前董事長林啟峰回憶，「可是當你跟他共事一段時間之後，你會發現這個人真的滿厲害，也滿偉大的。」

更厲害的是，這樣的人，求學時念的並非企管、金融等科目，而是化工，且在加入富邦集團之前，已經深耕化工領域許多年。

有問題便設法找出答案

林福星來自嘉義布袋鄉間，當年出於對自然科學的興趣，以及恰逢台灣石化產業起飛，就業容易等考量，選擇進入成功大學化工系就讀。從高中的通識教育乍入專業的化工領域，師長的風範、同儕的態度，令他深受觸動：「師長與同儕間宛如家人般溫暖。老師們的學問很扎實，但同時又很謙虛；同學之間的感情也很好，像是在考試前，成績好的人還會自發幫大家補習。」

> 大部分的事情你都看懂了，就會有相當的把握了。

大學四年，林福星感受到專業的重要，一路念到化工博士，先後在台塑公司、中油公司、工研院及國喬石化任職，歷經工程師、廠長及開發部經理等不同崗位洗禮。也正是這段歷程，讓林福星鍛鍊出勇於承接新挑戰的魄力，持續活化、融會貫通自己的所見所聞，一次次帶領團隊創新突圍。

任職工研院時，林福星負責先導性專案，也就是讓實驗室的研究成果轉化成商業化、規模化的應用，因此首先必須懂得經營一家公司要具備哪些專業。

懷抱對知識的好奇，他連續四年每天閱讀《經濟日報》與《工商時報》，碰到不懂的術語或概念就自行找資料研究。長期下來，即使沒有刻意進修財經專業，也練就一身功夫。之後，因為豐富的產業與商業開發經驗，一九九七年，他被延攬進入富邦科技顧問公司，為公司尋找有潛力的投資標的，並且因為表現優異，很快又被拔擢擔任富邦投信總經理。

面對這次的機會，林福星笑稱：「因為基金經理人需要執照，但總經理不用。」然而，在看似開玩笑的話語背後，其實是他過去累積的經營管理能力，被當時的富邦投信董事長兼總經理蔡明興看見，讓他能抓住機會，大展長才。

透過閱讀累積眼界與能力

從化工博士一躍成為商業金融領域的頂尖經理人，外界與媒體最想知道的，便是林福星如何跨越不同專業，為公司帶出高績效團隊，創造龐大的商業獲利。

「這個問題我也沒有答案，可能是天生的吧，」林福星幽默回應。若真的要為他的成功找出原因，在天道酬勤之外，或許也能歸因於大量的閱讀，「我自己也很認真，年輕時真的看很多書，所以對各個領域都有相當的了解。」

年少時期的林福星因為身體健康因素，時常請假在家休養，雖然肉體受困於方寸之地，但是，透過閱讀，他得以悠遊於更廣闊的自由天地。

正如文學大師卡爾維諾（Italo Calvino）所言：「人類的基本心智思維習慣，從舊石器時代先民從事狩獵和採集必需品為生，經由各歷史階段一路傳承下來。」書本文字的蛛絲馬跡點滴累積起來，世界運行的規律在他心中愈來愈清晰，造就他能夠洞悉事物本質，精準找出撬動局勢支點的能力，也讓他不論是在化工、科技或是商業金融領域，都能轉換自如，毫不費力。

多年的閱讀養分，除了帶來知識的富足，更滋養了林福星的心靈。當時，他大量閱讀宇宙天文、中國傳統文學經典及宗教典籍，「看天文的書，主要是看到宇宙的浩瀚與知識的廣泛，相較之下人非常渺小，很多事情不用太計較；有一陣子，我每天會唸誦佛經，對心靈的平靜很有幫助。」

如今，林福星的辦公室書櫃仍放著各式各樣的書籍，從《莊子讀本》、《金剛般若波羅蜜經》、《六祖壇經》等經典讀物，到工作所需涉獵的《血液中的騷動》、《自由基之陰謀》及《台灣早療紀事》，在人人追求速成的短視功利時代，他卻始終帶著無垠星空與遼闊時間長河的篤定力量，跳脫外在環境影響，能夠見樹又見林，始終保有看穿世界本質樣貌的眼光與決斷力。

格局決定勝敗

林福星深思熟慮，謀定而後動的戰略思維究竟有多強大？這點，可從二○○七年他臨危受命擔任富邦人壽執行副總的故事窺見一斑。

「我剛去富邦人壽上班的時候，感覺每位同仁都很緊張，因為人壽保險公司的創業培養期比較長，已經連賠了超過十年，又併購了安泰人壽成為大型公司，」面對公司困境，林福星卻始終老神在在，甚至還有心情笑了出來，一度讓身旁的總經理更加緊張，深怕公司已難扭轉。

> 不管人或企業，都應該對社會做出貢獻，
> 才能長遠存在。

沒想到，林福星的微笑其實是因為覺得公司「問題不大」。一向穩重的他帶著難得的促狹說：「不就是缺錢嗎？接下來我們一年賺一百億（元），兩到三年下來，公司不就穩定了？」

想讓一間沒賺過錢的公司快速轉虧為盈，他的底氣從何而來？

在林福星心中，人生與商場就像是一盤棋局，「大部分的事情你都看懂了，就會有相當的把握了。」

他重新為富邦人壽擬定戰略，判斷在那個大環境下衝業績和布建積極式的投資組合才是致勝之道。在公司亟需衝高業務量的階段，甚至大膽主張：「只要是賣得出去的價錢，就是價格。」即便必須讓利給客戶也在所不惜，果真公司在不久後就步入獲利與高成長的軌道。

一通則百通，如今擅長管理與戰略的林福星已成為富邦集團最重要的「金頭腦」之一，但其實他最得意的代表作，還是二〇〇四年的「內部創業」，從零到一催生的「momo購物」。

看懂本質，相信自己

創立momo時，林福星年屆五十歲，正值人生下半場。他身居高位，深受老闆信任，每天經手滾動的資金規模動輒百億元，為何要花時間在一間資本額僅有四億元、看起來微不足道的小公司？

「很少人知道，我的人生中曾經有一段時間沒有工作，」原來，林福星之所以決定離開國喬石化，是因為想要自行創業，而他花了十五個月尋找合適的創業題目，但接連幾個嘗試都無以為繼。

既然當下缺乏東風，林福星也順勢而為，找到富邦這個舞台，從創投領域開始嶄露頭角。

但是，林福星心中的創業夢卻始終熱烈跳動。他想試試看，不依賴富邦集團的金融專長與龐大資源，是否也能另開戰場，憑著自己的眼光打下另一方天地。

敏銳的觀察力，是一切的轉捩點。

當時，台灣整體經濟開始衰退，產業大量外移，薪資停滯，工時卻愈來愈長，導致民眾下班後連出去購物的力氣都沒有，只能躺在沙發上看電視。

然而，那段期間，林福星帶著團隊進行調查，發現台灣民眾一天花在電視上的時間高達四至五小時，所以他決意進軍虛擬通路，先從電視購物頻道開始，陸續又進軍實體百貨，以及網路通路，一邊進攻、一邊回頭視市場反應機動調整策略，就是為了緊貼著消費者脈動前進。

這個決定，一開始沒有人理解。

要讓完全沒有零售通路經營經驗的富邦集團，在山頭林立的有線電視系統市場中，取得並維持一個電視購物頻道營運，從商業設計、公司架構、團隊組建、品牌命名……，林福星全部親力親為。這樣，值得嗎？連老闆都曾開玩笑對他說：與其花那麼多時間經營

堅持共好

林福星不僅擁有卓越的規劃分析能力，更懷抱對社會的關懷與責任感，致力為員工、股東、消費者及合作夥伴創造更大的社會價值，讓所有人都能從中受益。

momo，為什麼不將多一點時間投資在規模龐大的富邦人壽？

但林福星始終相信自己的眼光，「不論做什麼產業，看懂本質才是最重要的。」

他深入研究通路的演進史，發現隨著科技演變與民眾生活方式改變，新的商業模式及新型通路也會隨之而生，從過往的柑仔店、

勇於承接挑戰

歷經工程師、廠長及開發部經理等不同崗位洗禮，讓林福星（中）鍛鍊出勇於承接新挑戰的魄力，持續活化、融會貫通自己的所見所聞，一次次帶領團隊創新突圍。

傳統百貨、大賣場到連鎖便利商店的發展，意味著新型通路規模勢必會超越傳統通路。

「所以，只要我們走對方向，能夠做好虛擬通路，持續提供物美價廉的商品，將來甚至有機會超過7-11，因為人類社會追求進步與更好生活的本質不會改變，」林福星一開始就幫momo購物擘劃出未來二十年的戰略目標。

十八年後，momo購物果真循著林福星規劃的大方向快速茁壯，不只年營收上看千億元，取代PChome成為台灣電商霸主，接下來更野心勃勃地劍指統一、全聯兩大零售巨頭。

企業存在的意義是為了創造價值

林福星算無遺策的規劃分析能力固然令富邦同仁欽佩，但其中最讓人感佩的，更是他對社會的關懷與責任感。

美國管理大師柯林斯（Jim Collins）曾說，金錢是企業賴以存活的血液、食物、氧氣和水，更是造就貢獻與影響力的前提。如果企業只以營利為目的，反而更加簡單；但倘若有更大抱負，就得承擔更多責任，選困難的工作來做。

林福星的抱負也同樣遠大。說起來有趣，在嘉義鄉間長大的他，親眼目睹過貧窮的可怕，也讓他很早就意識到賺錢的重要性；但是，他的人生從未遭金錢驅使束縛，他更關注的反而是如何為員工、股東、消費者及合作夥伴創造更大的社會價值。

他曾對富邦員工說：「企業不賺錢是一種罪惡，我們在場的每一個人都有責任把momo做好。」

林福星的著眼點，並非鼓吹無止盡的貪婪擴張，而是因為公司若無法達到規模化與獲利，股東不會願意持續投入；公司若是倒閉，員工背後的家庭也會失去經濟支柱。因此，唯有讓企業獲利，才能永續經營下去，進而保障員工的生活。

而momo「物美價廉」的企業文化精神，也源自於他的社會使命感。

小時候家中開雜貨店的林福星，深知對於一般民眾而言，花錢是一件非常嚴肅的事，因此他要求每一件上架在momo平台的商品，一定要符合價格划算、選擇多、品質好的條件，才能讓民眾的生活愈來愈便利，達到通路業的社會責任。

上以濟人，下以利己

「物美價廉」四個字說來簡單，執行起來並不容易。創立之初，momo的規模不夠大，難以藉由大量採購壓低進貨成本，許多產品甚至因為下單量不多，無法達到向總公司訂貨的門檻，只能轉向經銷商拿貨。

即便進貨成本高於同業，林福星仍堅持要與消費者及供應商互利共好，不能調漲商品價格，甚至還反向要求團隊，給momo供應商的票期必須縮短成三十天，相較於業界動輒六十天或九十天的票期，可說是非常優渥的付款條件，大幅降低供應商的現金流壓力。

因為這些堅持，momo進軍電商通路時，連續虧損了好幾年。

即便靠著公司有些通路已持續賺錢來支撐，但公司仍承擔不小的財務壓力，同仁也無法理解。

面對團隊的疑惑，林福星不談成本、毛利，而是不疾不徐地說了一個歷史故事。

> 對的事情，只要一直堅持做下去，最後獲得的成就會遠超過眼前的利益。

清代有一位名為孟洛川的商人，他的經營之道便是「大商無算」，指的是做大生意者，不會斤斤計較眼前的蠅頭小利。據說，在孟洛川經營的綢布店，哪怕做的是一筆小買賣，為顧客奉茶的品質也絕不敷衍含糊。在物價不穩定的時代，如果有人前一天買了綢布，第二天又回來買同樣的布，但這時的價格已經上漲，那麼孟洛川寧可賠本，仍會以同樣價格賣給這位顧客。

孟洛川的故事，正是林福星「財由道生，利緣義取」的經營哲學——致力為顧客和合作夥伴提供更好的選擇，不拿取不義之財。懂得做生意的道理，自然就能賺到錢，「其實就是生意經啦，沒什麼，」林福星話鋒一轉，「但是對的事情，只要一直堅持做下去，你最後獲得的成就會遠超過眼前的利益。」

善待供應商，提供優於同業的付款條件，供應商自然會願意優先與momo合作，讓momo平台的商品供應無虞。當消費者永遠可在momo找到理想的商品與價格，就會一次又一次回頭購買，讓網站流量與營業額持續攀高，而亮眼的銷售量又吸引更多合作廠商加入……。

一個從善意出發的念頭，至今仍持續滾動，推進著momo購物的成長飛輪。

林福星表面上談的是經商之道，這何嘗不也是人存在於世間的立身之道？不論是想要經營好企業，或是面對自己的人生，你的眼光在哪裡，未來的成就就會在哪裡。他的人生經驗，證明了只要能逐步扎實累積自己的專業能力，即便一開始無法立刻達到目標，但每一步走過的道路都會為自己帶來更多機會，成就理想的人生。

撰文／王維玲．攝影／黃鼎翔．圖片提供／富邦金控

林福星：做好基本功，培養看懂事物本質的能力

有句話說：「小富靠勤儉，大富靠天。」環境愈來愈挑戰，成功需要一些運道。比爾．蓋茲大學沒讀完就創業，張忠謀五十五歲才創立台積電，所以創業成功與否，不見得與年齡有關。

想要在社會上找到自己的位置，最好從自己的興趣和產業的前景出發，但在那之前還是要做好基本功，專業就是你的根基——在工作上有好的表現，才能持續往上成長，拿到更多機會。

以我自己為例，擔任工程師符合我的興趣，我在專業方面也做得不錯，但是我看到石化產業在台灣勢必會面臨環境汙染議題，未來發

展有限，所以才決意轉換跑道。

從石化、創投、金融到創業，別人看起來會覺得我一直在轉換領域，但我自己覺得，其實我從來沒有轉變，都是在經營管理的領域，做我覺得有興趣的事。

在專業之外，還要培養看懂事物本質的能力，因為每一個產業特性不同，所需要採取的策略也不一樣。

金融業為什麼要穩健發展？因為它的自有資本才八％到一〇％，資金槓桿高達十倍，本身就是一個非常積極的結構，所以必須回頭做好風險控管。

momo為什麼可以衝？因為除了一開始跟股東拿了四億多元資金，公司花的每分錢都是自己賺來的，也沒有財務槓桿問題，所以可以更大膽一點。

公司同仁之所以會喜歡我，是因為我常會跟他們分享這些觀念，教他們怎麼去分析預測未來趨勢，這才是我想幫團隊培養的能力，即便有一天我退休了，未來一代一代也能變得更好。

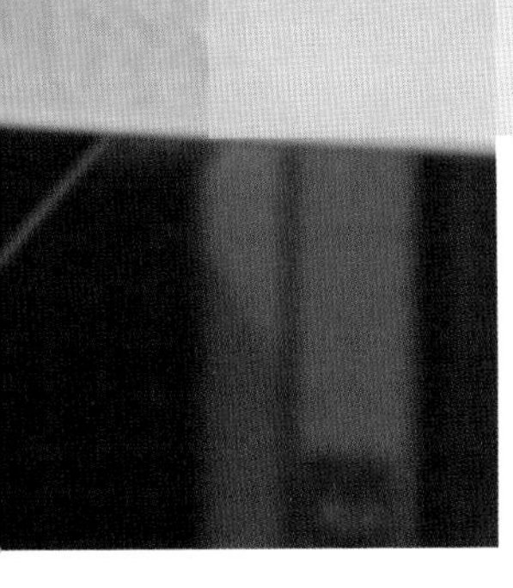

擁抱不確定

張永昌 遠通電收執行董事兼總經理

在情境裡找命題，然後設法解題

在黑天鵝頻傳的變動時代，
張永昌懷抱勇於探索未知的膽識，
為創新火苗提供源源不斷的動力。

二〇二一年，由遠通電收領軍的「ETC國家隊」擊敗中、韓、星等競爭國家，一舉拿下泰國高速公路的標案，這不只是台灣首度成功向海外輸出智慧交通解決方案，更代表台灣在數位新南向戰役中，拿下指標性的勝利一局。

這支國家隊背後的指揮官，正是遠通電收執行董事兼總經理張永昌。他不只是帶領團隊，從零到一打造出ETC系統，讓台灣成為全球第一個高速公路全面採用電子收費系統的國家，更於二〇一〇年時，啟動「以人為本」的交通運輸數位轉型，將「人、車、路」緊密結合，建構出Everything as a Service（XaaS）、科技產業化雙軌商業模式。

不僅充分展現台灣智慧型運輸系統的實力，更吸引了中國大陸、越南、菲律賓、印尼等國家前來取經，成功將台灣的系統輸出至國際。

最具有創新精神的「非典型公務員」

「我的人生很精采！」談起過去四十年的職涯，張永昌身上便迸發出明亮光采。雖然他只待過陽明海運與遠東集團兩個職場，卻憑著一股創新無畏的膽識，屢屢締造新的傳奇。

在陽明海運的二十一年中，他歷經資訊、營運與財務崗位，不只成為陽明海運最年輕的處長，在擔任財務長期間，他更一肩擔起陽明海運民營化的目標，讓陽明海運一夕轉骨，從國營企業轉型為國際型的航運公司。

少年得志，背靠穩定大樹，張永昌卻毅然「中年轉業」，加入遠東集團，從零開始累積經驗。他建立全世界第一個指標性的智慧交通應用ETC系統，從使用率僅有四三%的慘澹困境，如今全台裝設率達九四%以上，更帶動台灣運輸產業升級轉型，成功輸出海外，搶占全球智慧運輸的巨額市場。

故事的起源，其實來自於張永昌想要看遍各種人生風景的純粹初心。

大學就讀成功大學交通管理系，相較於電信管理組一畢業就

勇於任事

在陽明海運的二十一年職涯，張永昌（左二）歷經資訊、營運與財務崗位，不只成為最年輕的處長，在擔任財務長期間，更一肩擔起民營化的目標，讓陽明海運一夕轉骨，從國營企業轉型為國際型的航運公司。圖為張永昌在陽明海運工作時期照片。

能透過建教合作及考試，進入福利好又穩定的中華電信，張永昌很早就知道自己的人生選擇，從來不是耽於安穩，而是嚮往「海闊天空」的境界，於是他選擇了可以航向世界的航運組。

當張永昌於成大土木研究所畢業時，恰逢第一屆水運特考，他順利考上，被分發到當時還是國營企業的陽明海運。但是從上班的

不屈不撓

二〇〇四年，政府以BOT方式委託遠通電收營運高速公路電子收費系統，豈料一開始運行便反彈聲浪不斷，還有巨額罰款緊追其後。在層層壓力下，張永昌調整心態，成功找出逆轉局勢的解方。圖為二〇一三年六月二十六日，國道三百一十九座ETC感應門架全數完工建置。

第一天，他的「非典型公務員」人生便揭開序幕。

當時陽明海運正要籌組資訊新部門，只有在念成大土木所時寫過一些電腦程式的張永昌，毛遂自薦。他接下程式設計師一職，從一個電腦的門外漢開始，歷經培訓，並從實作中學習，不只累積出扎實的資訊管理專業，更在全球網際網路普及之前，便幫陽明海運建立起數位化的管理系統。

過往，航運公司的進出口艙單、帳單等航運文件只能跟著船隻移動，抵達卸貨港口後再仰賴人工輸入處理，張永昌便運用所學，將大量的航運文件電子化，整合至陽明海運的全球電腦連線平台。

系統建置出來之後，張永昌還拎著一卡皮箱，一個一個港口去教會航運人員如何使用，不只大幅提高進出口端的溝通速度，讓貨物運輸更有效率，還能即時更新資訊、動態應付臨時狀況，堪稱是最早的供應鏈數位轉型。

「很多人說，為什麼你這麼年輕，這件事也沒有人做過，你就敢組織一個新部門？」張永昌卻逆勢思考，即便是在穩定的公家單位，他也相信，唯有主動爭取有難度且具挑戰性的任務，一步一腳印做出成績，才能持續創造自己的優勢。這個想法，讓張永昌在十二年內便坐上平均二十年才能達到的資訊部處長高位。

站在世界的浪潮上思考

當一切穩定時，張永昌又接受了公司的新任務。這次，他負責營運部門的物流管理，得跟著貨櫃遠航，從東南亞到北歐港口，抵達一個又一個從前只停留在想像之中的陌生港口。他在冰天雪地或炎熱難耐的極端氣候中，爬上爬下檢查並調度貨櫃，辛苦自然不在話下，但是同樣做得有聲有色。

回到台北之後，張永昌的轉型人生又進入另一個階段。當時陽明海運面臨民營化任務，需要一位財務長，董事長找上張永昌時，

創新思維

張永昌（左二）認為，若停留在過去的製造與營運思維，前路只會愈走愈窄，因此，遠通電收不只提供移動服務，也積極將ETC的技術應用到收費、停車服務，不僅為民眾帶來便捷與安全，還能發揮節能減碳的效益。圖為ETC榮獲國際橋梁隧道及收費公路協會「二〇一五年收費系統卓越首獎」時，張永昌偕同高公局官員出席領獎，讓國旗飄揚海外。

他一頭霧水：「我只在大學上過三個學分的財務管理，財務長跟我有什麼關係？」

原來，因為張永昌在電腦資訊及營運物流崗位的創新精神，讓他獲得這個機會。

> 勇於接受不確定性，把自己放在情境裡面去找命題，然後想辦法解題。

這個任務並不簡單，不只要讓民間投資人買單，將公司股票賣出超過五〇%，更肩負著公司必須擴張造船、籌資上億美元的沉重壓力。

「我們是公家單位，最直接的方式是找銀行背書借錢，但我覺得財務應該不只是這樣，」張永昌決心將財務搞懂。他一面工作、一面攻讀文化大學國際企業管理的博士學位。三年多時間，他下班後就趕去上課，念到晚上九點半；常常下課後先睡一覺，凌晨兩、三點起床讀到天亮，再匆匆趕去上班，連假日也和孩子們一起到圖書館用功K書。

辛苦後的甜美果實，是張永昌能夠將自己放在具體的情境中，一面學習理論，一邊應用。

教科書上抽象的資本結構、資金成本等，被張永昌帶入實務工作中驗證。他捨棄國內的融資管道，幫公司規劃出一套直接到國際資本市場籌措資金的方案，即發行海外可轉化公司債（ECB）及全球存託憑證（GDR）方案，並親自向交通部提案通過。

在情境中尋求解答

當倫敦交易所發行的一億六千萬美元海外可轉換公司債入帳時，張永昌三更半夜守在台灣辦公室，緊張地盯著電腦：「我數了好幾次數字尾巴的零。你相信嗎？六十四億元新台幣，一個晚上就全部進帳了。」

最終，張永昌幫陽明海運爭取到超過六億美元的國際資金，不只資金取得成本低，更讓陽明海運從一個國營企業，成功轉型為國際型的海運事業。

> 唯有親身體會過絕境，才知道自己缺乏
> 哪些關鍵知識與能力。

回顧這段經歷，張永昌有感而發：「別人看我好像在資訊、營運、財務等不同領域跳來跳去，其實我一輩子做的事情都一樣，就是勇於接受不確定性，把自己放在情境裡面去找命題，然後想辦法解題。」

而張永昌所謂的「命題」與「解題」，其實就是全球頂尖顧問公司麥肯錫、BCG都在提倡的問題解決方法論——相較於立刻行動，更重要的其實是釐清、洞察真正的問題根源。唯有掌握問題根源，才能跳脫既定框架，用創新方法一舉解決困境，這也是在任何時代、任何變動之下都能夠脫穎而出的核心競爭力。

正如同張永昌面對民營化的目標，表面上的問題是如何籌措資金，但是真正的命題，則是如何重整陽明海運的財務結構，找出一條可永續經營的新道路。

相較於找外部顧問公司協助解決問題，張永昌反覆提醒年輕

著眼國際

張永昌（中）帶領團隊不斷耕耘和努力，以遠通電收獨立研發的技術基礎，持續將台灣的ETC架構輸出海外。圖為遠通電收與泰國BGSR聯營集團簽約合作新建高速公路M6／M81，本次合作案是台灣系統整案輸出的首例。

人，一定要將自己放在困難的情境中，因為唯有親身體會絕境，才知道自己缺乏哪些關鍵知識與能力，邊學邊做，「活過來之後，你就會刻骨銘心。」

變動時代，敏捷小步快跑才能找出生路

經歷過國際資本市場的大浪洗禮，張永昌一戰成名，躋身全台炙手可熱的財務長行列。這時，新的機會出現了。

當時遠東集團拿到電信執照，正在籌組遠傳電信，急需一位財務長，有人向當時遠傳電信總經理歐康年引薦張永昌。

兩人談話非常融洽，但是張永昌心中難免有些不安：「我人生走到四十五歲，難道要中年轉業嗎？」

在廣闊的人生汪洋中，張永昌可以選擇持續航向未知的遠方，也可以在平靜卻一眼可望盡的湖泊中安穩度日，做到財務副總再退休，甚至還有機會當上有始以來最年輕的總經理。

「我後來想，趁著還年輕，覺得人生應該多擁抱一些挑戰和歷練，」張永昌下定決心。

沒想到，才剛做好心理建設，挑戰悄悄升級了。在收到Offer Letter的前一天，張永昌突然接到歐康年的詢問：是否可以改接下技術長的任務？

「如果是你，你會接下這個挑戰嗎？」張永昌停頓片刻，笑著說：「一般人應該不敢，但是我卻答應了。」他仍舊憑著一腔「憨膽」迎難而上，考量的還是未來的成長性，「財務是通用技能，但

是電信公司的核心業務是技術，我當時想，要做，就要一次進到核心領域去做出成績。」

張永昌帶著這股「孤勇」上班，但第一天便遭到挫折。

會議中，國外工程師團隊每句話都挾帶大量技術專有名詞，張永昌過去在全球港口溝通無礙、面對高盛及海外投資人也面不改色地談判。可是，此刻，居然一句話都聽不懂。

永不放棄

張永昌（右二）表示，自己現在最重要的任務，就是培養團隊。他將寶貴經驗和永不放棄的精神傳承下去，更鼓勵年輕世代持續累積能量，機會來臨時就能乘風而起。

張永昌一度拿起電話，想打給陽明海運的董事長，說要回鍋上班。「我女兒在旁邊笑。她說，爸爸第一天上班就被打敗了！」被女兒激起好勝心的張永昌，立刻把電話放下，收拾心情，冷靜下來，第二天就重新調整策略。

他選擇先放下自己不熟悉的電信技術，轉而從相對熟稔的資訊系統下手，幫自己建立信心；同時，複製過往「邊學邊做」的經驗，情商當時的鄰居、易利信技術長，每天晚上幫自己「家教」──張永昌不是從頭搞懂每一個技術，而是捨棄八〇%的細節內容，只專注在技術長需要懂的核心關鍵。

心態與專業雙管齊下，幾週內，張永昌就功力大增，開始能夠管理團隊。開會時，有些工程師發現技術已經難不倒他，轉而嘲諷他的英文不夠標準：「I'm sorry, your English is not so good.」張永昌則正面回擊：「I'm sorry, your Chinese is very bad.」

這也是張永昌想要分享給年輕人的寶貴智慧：「你要勇於挑戰，有時候也要勇於調侃。」

看似老生常談，但正是這種無可救藥的樂觀態度，幫張永昌度過人生最黑暗的低谷。

人生最大豪賭，帶領ETC起死回生

二〇〇四年，政府以BOT方式委託遠東集團下的遠通電收，負責營運ETC系統，擁有交通、財務、營運及資訊跨領域經驗的張永昌，被授命全權負責。二〇〇六年，ETC正式上路，台灣邁入國道電子收費的新時代。沒想到，這卻是張永昌惡夢的開始。

當時第一代的電子收費方式，採用國外的紅外線技術，車主必須先自費安裝「車上機」（OBU），並向遠通電收購買儲值卡，之後通過收費門架再扣款。

「但是民眾卻不肯買單，」張永昌分析，ETC架構改變的是全台七百萬人的用路習慣，改變阻力本來就高，同時民眾也不願意先花錢買設備，當時只有四三%的車主願意安裝。

民怨反彈聲浪不斷、媒體每天大篇幅抨擊，不只團隊士氣低落，公司形象也遭到重創；雪上加霜的是，若遠通電收沒有達到政府規定的六五%使用率，就要承擔巨額罰款。

在外部層層壓力下，公司內部也有一派及時停損的意見。

內外夾擊，讓張永昌幾乎被逼到絕境：「我當時一度想偷偷全家移民去菲律賓，找個沒人認識的地方，買一塊地過日子。因為無顏見江東父老。」

責任感讓張永昌持續堅守崗位，但是在數不清的夜晚中，他坐在床上無法入眠，「我告訴自己應該樂觀一點，不如來唱首歌吧！」他自嘲自己像發瘋一樣，一遍又一遍唱著從前在教會練習英文時學會的頌歌〈我們終將得勝〉，在「We shall overcome, we shall overcome, We shall overcome, someday」的旋律中，幫自己調整心態，想辦法找出逆轉局勢的解方。

幸好，多年來解決問題的能力再度奏效，張永昌重新定義命題：民眾不願意付車上機的費用，那麼，解決關鍵就在於如何找到一個幾乎免費的方案、技術又要可行；同時，還要提出新的商業模式，說服董事長徐旭東再加碼投資數十億元。

張永昌找出的解方，便是如今的ETC第二代系統。

這套系統由台灣團隊從頭開始獨立研發建置，改用RFID（無線射頻辨識）技術辨識eTag，準確率高達九九%；二〇一二年重新上路時，更搭配提供用路人免費申辦第一只eTag，一年內使用率就

追根究柢

在不同領域走跳，張永昌認為，其實做的事都一樣，最重要的是釐清、洞察真正的問題根源，如此才能跳脫既定框架，用創新方法解決困境，這也是在任何時代、任何變動之下都能夠脫穎而出的核心競爭力。

從四三%躍升至八七%。張永昌剛正的臉上露出笑容：「這是我人生有始以來最大的豪賭，但幸好成功了，否則今天我無法坐在這裡講話。」

數位新南向，再造台灣下一座護國神山

雖然過程有波折，也有委屈，但是張永昌努力咬牙撐過，他不只是為了追求個人的成功，更想為台灣的交通產業找出一條新路。張永昌領悟，若只停留在過去製造與營運思維，前路只會走得愈來愈窄。

因此，遠通電收不只是提供移動服務，也積極將ETC的技術應用到與民眾生活息息相關的收費、停車服務。在張永昌看來，這正是台灣智慧交通產業化的關鍵——因為未來在數位時代，所有產業都與服務息息相關（Everything as a Service）」。

> 你要勇於挑戰，有時候也要勇於調侃。

「服務」聽來抽象，其實就是掌握「人」的需求，為每位使用者提供精準服務，企業才能永續存在。

舉例來說，台灣ETC系統不僅為民眾帶來便捷與安全，還能發揮省時省油、節能減碳的效益。以台灣高速公路每天約一百五十

萬台車輛行駛，平均每輛可節省十五分鐘，一天就可以幫台灣節省四二・八年。

此外，ETC系統也讓國道上停車怠速大幅減少。據精算，至今已節省八億四千三百萬公升燃油，容積超過三百三十七座奧運規格游泳池；減少一百九十八萬公噸二氧化碳排放，相當五千三百三十九座大安森林公園一年吸碳量；省下的回數票，疊起來超過九千四百七十八棟一〇一大樓的高度，環保效益可觀。

順應全球邁向ESG的大未來，張永昌正帶領著團隊不斷耕耘和努力。一個個數字，被張永昌巧妙轉換成讓用戶更有感的「白話文」—— 而這也是服務的一環。

以遠通電收獨立研發的技術基礎，為每個用戶客製化解決方案，張永昌自信地說，繼拿下泰國高速公路的訂單之後，接下來還有馬來西亞、越南、菲律賓，甚至是哈薩克等國家的合作正在洽談，他們將陸續把台灣的ETC架構輸出海外，未來有望成為東南亞各國的主流設計。

「我現在最重要的任務，就是培養團隊，將經驗傳承下去，貫徹成大交管系的格言『交管道義，承先啟後』，」張永昌說著，指向身後的字畫「騏驥一躍，不能十步；駑馬十駕，功在不舍」，這是成大帶給張永昌的另一個寶貴精神，「我們成大雖然不是別人眼中的第一學府，但是我們不會放棄，而是一年、三年、五年、十年、二十年、四十年，日復一日地苦練基本功。」

談話間，張永昌總是不自覺露出他口中成大人招牌的「古意」笑容，但每一句話卻都蘊含驚心動魄的波瀾韻律，鼓勵年輕世代不要耽於安逸，而是要不斷啟航、出發，當機會來臨時，就能乘風而起，成為國際舞台上受人矚目的焦點。

撰文／王維玲．攝影／黃鼎翔．圖片提供／張永昌

張永昌：邊學邊做，不要害怕把手弄髒

有句話說：「命好不如運好，運好不如習慣好。」世上沒有奇蹟，只有累積。我過去為了練好英文，大學和研究所這六年來，每天早上六點就到榕樹下聽《空中英語教室》，還跑到教會幫忙翻譯，雖然辛苦，但是也讓我能夠接軌國際，談成很多案子。

不論你要從事什麼產業、什麼職業，我都鼓勵大家培養出四種能力：能夠定義命題的思考力、勇於面對挑戰的成長思維與心態、能夠與全球合作的國際溝通能力，以及邊學邊做的DevOps（Develop & Operation）敏捷學習力。

不要怕自己不懂，也不要想著準備充分再開始；與其等別人給你機會，不如勇敢爭取，讓自己時常處在充滿不確定性及困難的情境中，把手真正弄髒。重要的是，抓住一個正確的大方向，不斷去淬鍊能力。

什麼是未來的方向？未來絕對是數位時代，也就是以人為本的時代，你要思考如何讓你的產業服務化，只要能夠融會貫通這個思維，再配合DevOps快速學習、立即修正的模式，就能持續累積能量。

專注扎實

張全生 全訊董事長

開創自己的藍海

求學時和半導體結下不解之緣，
從此張全生專注耕耘該領域超過四十年，
在封閉的國防工業打下一片天，
在不可能之中創造可能。

近年來，在國軍各種重要的演習場合，都看得到雄風三型反艦飛彈、天劍二型空對空飛彈、天弓三型防空飛彈的蹤影，它們是台灣自主研發的新一代反飛彈系統，具有超高速精準鎖定目標的防禦能力；其中扮演「飛彈的眼睛」、負責精確瞄準的微波元件，都由中山科學院與全訊科技合作開發。

很難想像，全訊這家位於台南科學工業園區的小公司，是台灣唯一擁有國防微波元件、軍用化合物半導體技術之整合元件廠商。

嚴師出高徒

一手創立全訊的張全生，成功大學電機系所畢業，因為成大，他的人生和半導體結下不解之緣。

大學時代，因為老師治學嚴格、課業要求高，當人絕不手軟。他和同學經常泡在圖書館讀書。

以教「電路學」的老師夏少非為例，當時修課的人，除了應屆的一百零五位學生，加上重修與外系學生，共有一百七十八人。到了學期末，九十九人被當掉，比例超過一半。

這種勤學的風氣，也和當時的經濟環境有關。成大的校訓是「窮理致知」，同學喜歡用台語開玩笑說是「窮你就知道」。他解釋：「大部分學生的家境都不是太好，有強烈動機想要出人頭地，因此不得不用功念書。」

儘管課業繁重，張全生仍從中找到了自己一生的熱愛。他回憶，大二時教電子學的鄧知晞是他的啟蒙老師，當時鄧知晞剛從美國回來，在課堂上深入淺出教導半導體的最新知識，啟發他對半導體的興趣，後來促使他在該領域耕耘超過四十年。

大學部課程扎實，研究所也沒有比較輕鬆。張全生記得，時任成大電機研究所所長的張俊彥，會在三更半夜到實驗室，看研究生是否認真做研究。

愛其所擇

就讀成大電機系時，張全生儘管課業繁重，仍從中找到了自己一生的熱愛，而電子學教授鄧知晞啟發了他對半導體的興趣，從此深耕超過四十年。圖為陳列在成大電機系系史館的愛迪生 —— 霍普金森直流發電機，是後代電力發展指標性典藏品。

也是在這段期間，張全生開始投入第二代化合物半導體的研究。當時以砷化鎵為代表的化合物半導體材料，因為比第一代的半導體材料，如：矽、鍺，具備更好的耐熱、抗輻射、發光效率等特性，更適合應用在高功率傳輸、微波通訊、無線射頻等領域，發展前景受到學術界與業界高度期待。

基於張全生在碩士班的優異表現，加上對砷化鎵的前景相當看好，張俊彥不斷鼓勵他繼續攻讀博士。不過，後來因為面臨經濟壓力，對未來也有些茫然，張全生博士班只讀了一年就休學去當兵。

退伍後，張全生遭遇父親辭世的變故，原本打算出國進修的他，因而在台灣多停留了一年。那段期間，他一邊教書、一邊教補習班，累積了一些存款，同時申請到加州大學洛杉磯分校（UCLA）的入學許可，就飛往美國西岸，展開全新的留學生活。

到UCLA接受震撼教育

儘管成大的訓練非常扎實，但到了UCLA，課業與環境適應等壓力接踵而至，讓張全生大感吃不消。「第一學期念完就想『逃』回台灣！」但想歸想，基於面子與責任感，張全生還是咬牙苦撐下去，「第一年才通過第一關，跑回台灣太丟臉了！」

那段日子，每堂課的教授都留下繁重的作業，得通宵準備才能完成，完全沒有假日可言，連感恩節、耶誕節這種家人、朋友歡聚的節慶，台灣學生都還待在圖書館、實驗室。張全生感嘆：「原本以為修課難度跟台灣研究所差不多，沒想到比台灣辛苦許多……」

課業還只是第一關，接下來還有筆試、口試、研究計畫提案、博士論文口試等重重關卡。

張全生還記得：「我口試時被五個教授一起拷問，被問到頭昏腦脹，差點要放棄了。後來教授跟我說『恭喜過關』，我才鬆了一口氣。」

「美國博士班的淘汰率很高，那時候共有一百五十人入學，獲得博士那年，僅有十八人獲得博士學位，絕大多數人在中途就被刷

專注一致

張全生一路走來，研發領域非常專注且一致，在學期間便開始投入微波元件及化合物半導體的技術研究，因此培養出一身絕技；也因長期耕耘半導體領域，對市場相對熟悉，促使他做出創業的決定。

掉了，」直到現在，他似乎還隱約記得當時肩負沉重壓力的心情。

因為目睹美國博士班的高淘汰率，而且當時來自台灣的留學生即便是台灣大學電機系畢業的高材生，也都埋首苦讀，讓他深刻領悟到做學問必須穩紮穩打，不斷提升自我，無論是學業、專業及論文都要達到水準，為未來的學術研究做好充足準備。

專注研究，培養一身絕技

張全生花了三年三個月的時間就拿到博士學位，成為當屆最早畢業的台灣留學生。一般來說，在美國取得理工類博士學位需要四年到七年，甚至有和他相同指導老師的同學念了十年才畢業。他認為，自己能夠超前進度，最大關鍵是自己比較懂得如何一邊讀書、一邊做研究。

> 做學問必須穩紮穩打，不斷提升自我，
> 無論是學業、專業及論文都要達到水準。

他自我剖析，在台灣念過碩士班及博士班，已經有過寫論文的經驗，掌握了研究方法和技巧，因此當教授建議一些研究主題時，他很快就能結合自己的興趣做出成果，並且發表論文，取得學位的速度自然比還在摸索研究方向的同學快得多。

畢業後，正要進入社會展開人生新局時，張全生卻遇上美國大股災，經濟下滑。喜歡學術研究的張全生，原本想在當地找份教職工作，因為擔心求職不易，於是廣投履歷。當他收到美國軍用通訊元件大廠Avantek（現為安華高公司［Avago］）發出的錄取信後，便立刻前往任職。後來雖然有多所美國大學都願意給他應試的機會，但因公司規定，試用期未滿三個月不能請假，他只能被迫放棄

堅持到底

軍用半導體及微波元件由於技術門檻高、市場又小，許多失敗的前例令人裹足不前，但張全生沒有放棄，帶領全訊團隊努力不懈、堅持到底，終於順利開發出砷化鎵與氮化鎵等高功率元件，以及各頻段的單晶微波積體電路，為台灣國防工業做出重要貢獻。

應試，自此與學界擦身而過。張全生說：「我後來一直待在業界，或許命中注定要走這條路。」

工作平穩進行，然而，母親年事已高，張全生不得不考量回台就近照顧。當時台灣第一家生產砷化鎵的公司「漢威光電」正積極招募人才，他便順勢加入。這期間，他每個週末從新竹回到台南探視母親。但因老婆及小孩不太適應台灣生活，於是又回到美國，加入Celeritek，擔任研發部經理。

樂在工作

全訊是台灣唯一擁有國防微波元件、軍用化合物半導體技術的整合元件廠商，讓台灣得以自主研發雄風三型反艦飛彈、天劍二型空對空飛彈、天弓三型防空飛彈等新一代反飛彈系統，其豐碩成果也帶給張全生滿滿的成就感。

張全生一路走來，研發領域非常專注且一致。微波元件從早期的MESFET（金屬半導體場效電晶體）發展到HEMT（高電子遷移率電晶體），他在碩士班就開始投入HEMT技術的研究；就讀成大電機所博士班時，更在張俊彥的建議下，開始研究全新的MESFET，打下良好基礎，後來在UCLA博士班、進入業界，也都是研發PHEMT元件，因此培養出一身絕技。

思考一段時間後，對微波元件及化合物半導體的技術與市場已有充足把握的他，加上母親年紀已大，需要有人照顧，於是決定自己創業，在一九九八年成立全訊。

熬過沒有訂單的艱困時期

早期，砷化鎵這類化合物半導體材料主要應用於軍用國防領域，直到一九九五年出現手機後，才開始進入到商用市場，例如：宏捷科、穩懋，都是做手機所需的功率放大器。

從念書到就業，張全生的專業領域一直都在砷化鎵，但考慮到市場競爭強度及公司資金，全訊一開始就是鎖定軍用元件，避免跟商用大廠直接競爭，希望能開創自己的一片藍海。

張全生解釋，軍用市場要求的特性與可靠度都很高，儘管開發起來相當辛苦，從研發到量產至少得花五年，且訂單型態屬於少量多樣，光是全訊就有超過一百多種產品，規模更不能與商用訂單動輒上百億元相提並論；不過，軍用客戶的忠誠度高，一旦合作就不會輕易更換供應商，而且毛利率高。

選定產業方向後，研發團隊也就定戰鬥位置，但張全生注入畢生功力，在創業初期仍然遇到不少挑戰。

首先，是市場生態不容樂觀。

全訊的產品鎖定國防工業用途，軍用供應鏈原本就比較封閉，導入期很長，且訂單易受政府政策影響，導致公司資金始終吃緊。張全生說：「我們跟中科院奮鬥了好久，一開始只有研發合作的小型訂單，十幾年後才正式量產。」

張全生坦言，「創業初期沒有生意，成了經營上的最大挑戰。」

然而，當全訊與中科院合作的微波元件完成研發、即將量產之際，又遇到政黨輪替、國防自主政策出現重大轉變。

天弓飛彈預算被刪除後，訂單瞬間蒸發，讓原本在二〇〇九年開始連續獲利的全訊，再度陷入困境。直到近幾年，政府確立國防自主、自製自研的目標，國防單位擴大採購關鍵微波元件，全訊的營運才又撥雲見日，訂單能見度甚至可達兩、三年後。

國外客戶慘遭搶單

國內訂單不如預期，所幸全訊早期積極在國際微波展會曝光，爭取國外的業務合作機會，雖然多數國家都要求一定的自主採購比例，但仍有部分次系統或元件可以外購。

積極發展國防工業的以色列，就被全訊從研發、製造到客戶服務的一條龍模式所吸引，成了第一個國外客戶，從公司成立第二年就持續下單至今，也讓張全生吃下定心丸。後來，美國與印度訂單陸續挹注，才填補國內訂單未能擴大的業績缺口。

好不容易海外市場出現轉機，公司卻發生產品品質控管欠佳、慘遭競爭對手搶單的狀況。

當時，全訊供貨衛星功率放大器（PA）產品給美國航太電子大廠休斯電子（Hughes Network），但因可靠性出現問題，遭客戶喊卡，相關訂單也改由美國半導體公司——科沃（Qorvo）承接，成了張全生心中永遠的痛。

> 一個人的知識再豐富、再優秀，還是要能洞察時局，才能培養出自己的願景與判斷。

後來張全生記取教訓，大刀闊斧改善品管體系，除了產品特性要讓客戶滿意外，產品可靠度更是一點都不能馬虎，此後幾乎不再出現因品質不良而退貨的問題，主要客戶也多能維持長期而緊密的合作關係。

除了訂單與技術上的考驗，全訊在經營上也曾遭遇進退維谷的局面。

在全訊最艱困的時刻，曾有創投建議更換經營團隊。

身為公司主要創辦人及經營者的張全生，對於公司的發展方向及市場前景仍相當看好，便與一位方姓大股東及另一位副總接手其股份，終於解除危機。他說：「我本來就預期要熬很久，但沒想到要這麼久，尤其在台灣做這個產品更慢。但頭都洗了，就不能隨便喊停。」

證明台灣可以做到

其實，不僅全訊面對如此艱難的局面，早年中科院曾投入數百億元預算，業界也有台揚、漢威等公司，想開發高頻微波元件，但因為技術門檻很高、難以達到軍用的規格要求，最後都功虧一簣，使得外界喪失信心，認定台灣不可能研發成功。

但張全生沒有放棄，他強調：「台灣半導體產業培養出許多優秀的砷化鎵技術人才，最好的人才幾乎都來自台灣，沒有道理做不出來。」

尤其，世界各國都展開激烈的軍備競賽，軍用半導體及微波元件是其中很重要的一環，他帶領全訊團隊努力不懈、堅持到底的做為，早已超越企業營運及產業競爭的層次，便是由於背後有個更重要的信念在支撐：為台灣國防工業貢獻心力。

事實證明，台灣真的做得到。全訊讓外界跌破眼鏡，順利開發出砷化鎵與氮化鎵（GaN）等高功率元件，以及各頻段的單晶微波積體電路（MMIC），其中Ka頻段的3W高功率晶片更是拔得頭籌，全訊的主要對手科沃直到五年後才跟上。

「以前台灣沒有相關技術，必須仰賴外購的反飛彈系統，現在我們可以自主產製、充分供應，國人對自己的國防防禦能力就更有底氣了，」張全生的神情中，不僅帶著苦盡甘來的滿足感，更有種讓外界刮目相看、自我實現的成就感。

回饋鄉里，僱用在地人才

放眼下一步，為了因應持續成長的需求，加上商用客戶對高頻應用的規格要求愈來愈高，讓張全生嗅到不少新商機，近幾年全訊

心懷感恩

近年來，全訊擴大事業領域，切入商用市場，帶動公司穩步成長。感念員工的付出，張全生提供優於南科平均水準的薪資福利，希望能夠聘用更多在地員工，打造幸福企業。

也開始從軍用市場切入商用市場。公司已擬定未來兩大研發方向：一方面，積極開發氮化鎵等第三類化合物半導體，強化軍用國防領域的競爭力；一方面，往商用微波、毫米波市場挺進，鎖定5G、6G小型基地台及低軌道衛星的高頻應用，希望公司營運穩定、伺機擴充。

基於地緣關係與張全生的經歷，全訊的員工不少來自成大電機系所，包含一位副總、一位協理、多位年輕工程師，因為，「成大出來的人才不僅個性純樸、勤苦耐勞，而且忠誠度高，工作態度與企業文化也比較接近。」

張全生對於成大有種特殊的情感，一直到現在，每週都會去成大跑步運動。身為台南子弟，他抱持著回饋鄉里的念頭，公司薪資福利優於南科平均水準，未來希望能夠聘用更多在地員工，並提供更好的福利，真正成為「幸福企業」。

撰文／沈勤譽．攝影／黃鼎翔

張全生：洞察時局，才能培養出自己的願景與判斷

年輕人如果要培養國際觀，最好要到國外留學，台灣早期有很多人出國，但現在真正以做學問、做研究為目的而出國的留學生愈來愈少；即使不出國留學，至少要能掌握世界變化及產業動態，股票市場

便是值得觀察的指標，從美股變化就能知道國際局勢的變動。

一個人的知識再豐富、再優秀，還是要能洞察時局，才能培養出自己的願景與判斷。

在學期間最重要的事情還是念書，要從基礎學科打好基礎，例如，電機系學生要念的書很多，電子學、電路學的基礎就非常重要。

現在很多教授都是國外學成歸國，可以帶給同學更先進的知識，但老師的嚴格程度不似以往、學生也不如以前勤奮。台灣學生如果要加強競爭力，一定要多跟國外的學生學習，不要蹺課，每節課都認真做筆記，自然會有更好的學習成效。

勇於創新

陳良基 科技部前部長

做有價值的事，也為別人創造價值

從田庄囝仔到科技部部長，
陳良基把握住每個機會，
拚盡全力為社會創造更多價值。

二〇二二年五月二十四日，在台灣大學電機系任教超過四十載的科技部前部長陳良基，退休前夕以「Think Big 勇敢打開電的大格局」為題發表講座，期勉年輕學子：「不要只想著拿到學位，而應該要想，站在時代主流之上，如何發揮個人最大的力量，開創對人類更有意義的價值！」

對陳良基而言，這些不是冠冕堂皇的演說內容，而是他日日實踐的座右銘。

在家境並不富裕的農村家庭長大，陳良基感謝兄姊的成全，讓

傾聽不同聲音

社團活動是陳良基（站立者）大學生活非常重要的一部分，他認為，參加國樂社就好像加入一個大家庭，紓解課業壓力之外，籌劃、宣傳活動、結交各系朋友，歷練溝通協調、傾聽他人的能力，一生受用不盡。

他一路念到博士，「如果我對社會沒有更好的貢獻，那我對不起辛苦務農的他們。」

陳良基把每個工作的價值極大化。在學校任教時，他是「另類教授」，充滿創意思維而有「技轉王」封號，被他指導過的學生，許多人成為企業搶用人才；他也是第一個本土博士科技部部長，任內拚盡洪荒之力讓台積電先進製程根留台灣，並著手推動AI創新研究，為台灣儲備三十年後的新興產業量能，打造下一個「護國神山」。

「做有價值的事，也幫別人創造價值，」這是陳良基奉行不輟的人生哲學。

改變人生的求學之路

在台大教書四十餘年、曾擔任台大副校長的陳良基，其實是不折不扣的成大人。他與成大淵源頗深，一九七五年九月在成功嶺完成大專兵訓練後，第一次踏入成大電機系館，自此開啟與成大電機系十一年的緣分，一路從學士念到博士，踏出校門時是一九八六年。

出身雲林農家，父母以務農維生，陳良基在家中七個小孩排行第五，從小要幫忙農事。十五歲北上就讀台北市建國中學之前，他每天上學前要先到田裡挖蘆筍，如果一天不挖，冒出頭來的蘆筍被太陽曬過後口味轉苦，就不好賣。

兄弟姐妹裡，陳良基是學歷最高的一位。「如果不是他們留在家裡幫忙，我不可能讀大學，」他感謝手足的成全，當年考大學填志願時，他一心想畢業後，趕快找一份好工作分擔家計，才選擇了電機系，因為工作機會多。

陳良基記得，在成大電機系就讀時，必修主科課程都排在上午時段，每天第一節課八點二十分開始，「一日之計在於晨」，利用每天頭腦最清明的時刻，學習最吃重的科目，學習成效顯著。

由於電機系課業繁重，且系上很多「大刀教授」當學生，不想變成那一半被當掉的學生，便得更加賣力。因此陳良基不分晴雨，幾乎每天清晨六點就到圖書館報到準備功課，「大學生活主要就在系館與圖書館間移動。」

> 如果是已存在的技術，何必做？要做就做現在沒有，但五年、十年後會用的東西。

那一段認真求學的歷程，回想起來十足寶貴，陳良基說：「成大是個非常獨特的大學城，校園環境單純，活動範圍內幾乎都是老師和學生，很少有外來人口，學習氣氛濃厚。」特別是電機系學生經常要思考解題，在滿溢著「哲學家步道」氛圍的校園內，邊走邊想很容易有啟發，思路不易中斷。

「後來念碩博士時，更覺得這樣的校園空間可貴，對於專心做研究很有幫助，能營造主題式學習的思考空間，」陳良基認為，成大學生質樸、認真、腳踏實地，深受企業主喜愛，這些特質其實是經過成大校園環境的陶冶，慢慢孕育出來的。

除了念書，國樂社的社團活動也是陳良基大學生活非常重要的一部分。

由於成大有很多外地學生，參加社團就好像加入一個大家庭。紓解課業壓力之外，在國樂社籌劃各種活動、組織各領域人才，學習如何在社群中結交朋友、做好活動宣傳等，都是很好的訓練。對他來說，經由社團歷練培養做人處事態度，一生受用不盡。

台灣首位本土CAD博士

從學士到博士，原本一路讀上去並不在陳良基的人生規劃。這位「田庄囝仔」不忍父母辛苦務農養七個孩子，原先計劃念完大學，就要進入業界工作賺錢，分擔家計。但是，喜歡研究的熱情藏不住，成大電機系老師為他爭取教職機會，鼓勵他繼續進修。

就此，他的人生風景完全不同。

從成大電機系畢業後，陳良基攻讀電機研究所到取得電機工程學研究所博士，成為台灣第一個研究電腦輔助工具CAD（Computer Aided Design）的本土博士。他是傑出的教育家、政務官，更是台灣重要的電機學者，研究專長在數位訊號處理系統與視訊IC，是全球數位視訊架構先驅，並榮獲國際電機電子工程師學會（IEEE）院士肯定。

二〇一〇年，陳良基獲頒世界科學院（TWAS）「工程科學獎」，當時世界科學院主席帕里斯（Jacob Palis）寫下親筆函，讚揚他在應用積體電路設計的技術上，將複雜的數位影像計算轉化為高應用價值的數位多媒體晶片，並將技術移轉至產業界，讓個人化手持式裝置擁有數位照相、攝影、行動視訊、高畫質影音等功能，對於工程科學有重大貢獻，成為「數位視訊架構」的先驅。

貝爾實驗室的影響

在CAD領域樹立無人出其右的領導地位，陳良基認為：「要怎麼收穫先怎麼栽。」在科學研究領域，必須以扎實的基礎訓練為基

絕不馬虎

被電機學界稱為「基神」的陳良基，要求學生凡事扎根，多花時間打基礎。業界特別愛用他實驗室出來的學生，儼然是科技大廠先修班，就是因為他對學生要求嚴格，做研究絕不馬虎。

底，再以創意思考做為總結，才能迸出亮眼火花。

他一九九三年到美國AT&T貝爾實驗室進行訪問研究，這家世界上最偉大的研發實驗室曾發明電晶體，產出多位諾貝爾獎得主。「在那裡，每個研發團隊都在想，自己的研究要如何落實在人類生活中、如何改變世界？」在美國訪問一年期間，陳良基看到貝爾實驗室雖然有許多計畫不斷失敗，但他們不放棄，「他們認為失敗是正常的，就是反覆試錯、修正，直至成功。」這種不氣餒的精神，對陳良基產生巨大影響。

為創造更高價值努力

被電機學界稱為「基神」的陳良基，要求學生凡事扎根，多花時間打基礎，不要只想嘗甜頭而不花費心力。業界特別愛用他實驗室出來的學生，儼然是科技大廠先修班，就是因為他對學生要求嚴格，做研究絕不馬虎。

「學生到研究室來找我討論題目，我會問他：『這題目對社會有什麼貢獻？』不是現在式，是要看未來！」陳良基說，「如果是已存在的技術，何必做？要做就做現在沒有，但五年、十年後會用的東西。」

「我們是不是能找出這個新技術？」「花同樣的研究時間，能不能創造更高的價值？」陳良基總是思索著。

學術生涯擁有超過四百二十篇學術著作和二十一項美國專利，並協助近百件技術移轉，被業界譽為「技轉王」。陳良基在自己的專業領域上勇於創新，不懼艱難，也鼓勵學生勇於創新、從錯中學，並架起產學合作的橋梁，為自己也為學子們開創出截然不同的新藍海。

為台灣孕育新創獨角獸

「台灣的機會，在生生不息培育出來的年輕人，」二〇〇六年陳良基毅然放棄工研院借調，回到台大校園努力營造創業家精神的教育。隔年開始啟動台大的「創意創業學程」（簡稱創創學程），開啟國內各大學在校園內教導創業家精神的時代。

他形容：「人生旅程中，創業的路程大概是與跑馬拉松最接近的了。」從二〇〇八年起，在當時台大教務長蔣丙煌及學務長馮燕的鼓吹遊說下，他接下創設台大創創學程的重責，開啟鼓勵台大學生創意發想、嘗試創業的創新學習。

台灣的機會，在生生不息培育出來的年輕人。

至今，每年都有數百位台大同學搶著選讀創創學程，每年有數十位同學經歷這個學程的苦練和啟蒙，其中有不少因此激發了潛能，找到人生的夢想而開始創業。

台大積極塑造創業環境，為學生排除創業路上各種難關。例如，陳良基發現國內對於新創團隊的早期投資較國外相對保守，創業過程常資金不足，使創業學子卻步。於是他四處奔走，與產業界合作創立「台大鑽石種子基金」，直接挹注新創公司團隊，幫助學生走過草創期的死亡之谷；若新創團隊正式成立公司，將再回饋學校，讓基金永續經營，努力為台灣孕育下一隻新創獨角獸。

陳良基每次受邀參加創創學程的專題討論課，聆聽歷屆學長姊跟學弟妹分享創業心得，儘管過程充滿酸甜苦辣，並不總是順遂，但懷抱希望與夢想前行，他在這些畢業學子的眼神中，看見無比閃耀的光芒。

「我心中浮現，跑馬拉松時前方奮力前進的跑者背影，他們是令人敬佩的領航者，是學弟妹往前邁進最好的標竿！」陳良基勉勵學子們，年輕時不要對不起自己的點子，要跨出界限去嘗試，別等到未來才後悔；他更期待更多青年學子以所學的智識、研發的技術，努力嘗試創新創業，為國家社會創造更多價值。

好幾次，業界熱情邀約陳良基擔任執行長，都被他婉拒。「我到業界工作，只是多了一位執行長；但我在學校教書，能夠培養出更多未來的執行長，」這是他推動創創學程的初心，而他也相信，成功的「台大經驗」，結合台大卓越研究成果，能夠給台灣更多啟發，開創出全新的經濟量能。

推動高教深耕與轉型

二〇一六年五月二十日陳良基轉任教育部政務次長，雖然僅任職九個月，但他致力規劃高教深耕計畫架構，為台灣高教奠定轉型基礎。因為他發現二〇〇五年起推動的五年五百億「邁向頂尖大學計畫」，雖然打造出許多亮點，但也逐漸發生學用落差、與在地和國際疏離、求知熱情消失的缺點。

二〇三〇年電腦人工智慧在職場的專業工作能力，將高過任何人類，有二五％以上的工作機會可能由機器人取代。陳良基推動的「高教深耕計畫」以台灣二〇三〇年的人才需求為目標，推動大學社會責任、翻轉學制及教學方法、營造創新創業校園、策略性國際連結。

其中包括《學位授予法》修法，鬆綁系所限制，給各大學自由開設能激勵學習，又能對接未來需求的學位學程，授權學校為學生開一條新路，提供機會給有熱情與使命感的老師發揮長才，營造更具彈性及多元的高等教育學制。

掌舵科技部，化解台積電出走危機

二〇一七年二月八日，陳良基接掌科技部，成為台灣第一個本土博士出身的科技部部長，上任第一個重責大任，就是說服台積電最先進的三奈米製程根留台灣。

當時傳聞台積電有意到美國投資設廠，主要是考量台灣科技用地不足及環評問題，陳良基臨危受命，負責化解這場出走危機。

「當年在科學園區的擴建上，政府花費極大心力，並同步修改《科學園區設置條例》，讓園區土地的取得能符合台灣未來環保的期待、居民的福祉、科技產業長程發展的共同目標，」陳良基回憶。

幸好台積電留下來，如今南科已經是全世界最先進的半導體聚落，成為台灣共同的驕傲。

「科技發展可以兼顧環境考量，」這是陳良基的信念，他以科學園區的開發案例，做為國內平衡發展的典範，強調科技與環保不一定對立，兩者可以並存，甚至結合，推升環保科技發展，達到進步與永續。

在台積電出走危機中，他也看見科技用地受限問題。因此結合

翻轉思維

陳良基任職教育部政務次長期間，以二〇三〇年的人才需求為目標，致力推動「高教深耕計畫」，鬆綁系所限制，給各大學自由開設能對接未來需求的學位學程，營造更多元的高等教育學制，翻轉教育現場。

內政部國土規劃，評估科技產業所需用地，增加共約千頃面積，解決未來十年，甚至更長遠的科技廠商落地問題。

> 我到業界工作，只是多了一位執行長；但我在學校教書，能夠培養出更多未來的執行長。

擅長溝通協調、傾聽不同聲音，陳良基歸功於成大所學及社團歷練。他回想起擔綱成大國樂社社長時，一場音樂會快開演前突然停電，他處變不驚，請同學到附近雜貨店買幾十根蠟燭掛在譜架上，差點夭折的音樂會變身「燭光晚會」，大獲好評，化危機為轉機。「面對問題廣泛思考、多元解答，不要硬衝，」這是他體會的處世哲學。

以小搏大，打造AI護國群山

在處理台積電危機時，陳良基同時思考：「我們現在有台積電這個護國神山，這是台積電從一九八七年創立以來的打拚成果，但三十年後呢？台灣有沒有新的護國產業？」這位農村小孩想起幼年種田經驗，種子灑下後，還得等待時間熟成，如今「種子在哪裡？」

他看到新時代新契機，二〇一六年圍棋AI程式AlphaGo打敗多次世界冠軍的韓國棋王，代表AI技術已走出實驗室，變成真實世界應用的技術。大數據時代來臨，AI將主導未來，這必定是台灣的新護國群山。

接掌科技部後，他推動「AI科研戰略」，定調二〇一七年為「台灣AI元年」，使台灣躋身全球最早發布AI戰略國家之一，並號召企業組成「AI國家隊」架設基礎建設，其中專為AI打造的台灣

永遠全力衝刺

在人生每個階段，陳良基都問自己：「what's next？」只要能再開創對社會有貢獻的領域，他都會像硬底氣的農夫，拚盡全力，種出最有價值的作物。

杉二號超級電腦，在二〇一八年十一月躋身全球超級電腦前二十名，為台灣產學研界整備出新世代需要的AIHPC高運算量能。

陳良基提出「小國大戰略」的思維：台灣雖是小國，但半導體製造技術領先全球，擁有優異的次系統開發能力，因而擬定五大AI推動策略，選擇與聚焦半導體、資通訊技術等台灣具機會及優勢的強項，還有物聯網系統與安全、無人載具等領域，發揮以小搏大的槓桿效應，促成AI應用在各產業遍地開花。

邁向下階段，接續新使命

陳良基在科技部任職近三年半，創下任期最長的紀錄，後因妻子王素梅罹患憂鬱症，他毅然決然卸下部長職務，全心照顧家庭。「部長的工作很多人可接，但照顧太太只有我可以做，」他深信，人生的路是老天安排，當每個機會來臨時，就是全力以赴，「離開科技部，或許是老天給我的另一個使命。」

妻子罹病讓陳良基深刻體會健康的重要，他與一群有共同理念的產官學研專家籌組「台灣數位健康產業發展協會」，促進數位科技與健康產業融合，為帶動數位健康（Digital Health）產業發展而努力。

在人生各階段他都問自己：「What's next?」接下台灣數位健康產業發展協會創會理事長職務，他同樣自我對話：「如果人到八十歲身體會不靈光，那麼距離現在還有十五年，應該能再開創另一個對社會有貢獻的領域，就衝刺吧！」

這位田莊長大的小孩，就像硬底氣的農夫，不論烈日當頭或大雨滂沱，都試圖拚盡全力，種出最有價值的作物。

撰文／黃筱珮・攝影／黃鼎翔・圖片提供／陳良基

陳良基：勇於做夢，才能看大局做大事

我小時候生長在農村，從農活裡體驗很多道理。我很重視「創新創意」，用種田來比喻，如果大家都種同樣的農作物，那價格一定會跌，因此在播種時就要思考：「同樣花時間，如何創造更大價值？」

期許年輕朋友都能懷抱著「以終為始」和「莫忘初衷」這兩個宗旨，「以終為始」簡單來說就是先構思後行動，開始起步時就要想到最終產出的價值；「莫忘初衷」就是不要忘記一開始的想法，努力加以貫徹，相信只要訂好目標，務實向前，必定能有美好的收成。

這是一個變動的時代，也是充滿機會的世代，希望年輕人都能「Think Big」，有勇於做夢的勇氣，不要蹉跎時光，只要能夠「看大局做大事」，就能闖出獨特藍海，成為偉大的創業家，創造對時代的巨大影響。

同時要對這片土地存有深厚的情感，只要有感情，思考力道就會不同，產出的力量也會更大，當熱愛土地與土地上的人們，就會細膩觀察各種問題與不足，並且努力創新。

創新是為了有效解決問題，不只是空想而已，只要能熱愛土地、希望明天比今天更好，創新的頭腦自然會應運而生。

感傷而強悍

初安民 印刻文學生活誌總編輯

傾聽失敗者細語

投身文學出版逾三十年，
儘管風雨飄搖、逆勢不斷，
初安民仍傾注職人般的精神與熱情，
讓每個創作者的心血得以綻放。

第四十五屆金鼎獎頒獎典禮上，得到特別貢獻獎的初安民，被問到何以從事編輯工作三十五載，他引日本作家川本三郎的話回答：「只有文學，能側耳傾聽失敗者的低聲細語。」

採訪時，初安民一逕爽直地說：「你們應該報導的是失敗者的故事。所謂成功者的故事都差不多，多半是剛好搭上時代列車；況且，成功無法複製。」在他看來，今天如果有個人想當清道夫，畢生能量投注於把地掃得乾乾淨淨，這就是成功，而且感人。

兩鬢泛霜白的初安民，不僅寫詩，更投身文學出版逾三十年，挖掘新人無數，是台灣文學界重量級人物，卻依舊保有看似格格不入的思考模式，他自嘲這來自他一以貫之的「逆勢」性格。

他是韓國華僑，高中畢業來台，進入成功大學中文系，旋即打破慣例，由非工學院學生擔任校刊總編輯，還風風火火地寫詩、拿文學獎、出版詩集、喝酒、談戀愛、打架、和工人學排版。

從閱讀認識人與土地

成大時期的初安民，從來都不是一個乖乖上課的好學生，但是在叛逆之餘，他還是會自己找書看。他記得，當時人文學院圖書館裡的藏書，幾乎每一本，他都翻過，或抓重點看完，有時他還會從中尋找同姓的人，竟然讓他找到好幾個，十分有趣。

這樣的讀書習慣，幾乎貫徹初安民的人生。小時候，他的姊姊有個朋友在台灣，經常寄些韓國沒有的食品給他們，初安民的注意力不只在吃食，他會把包裹食品的報紙拿來讀，雖然都是過期很久的新聞，他還是讀得津津有味，「我應該是從那個時候開始養成閱讀的興趣。」即便工作後，他也保持天天讀書的習慣，每天書包裡一定有書，隨時隨地都很珍惜地看。

來到台灣，決定要生生世世在這塊土地成長，就必須了解這塊土地發生的事情。初安民同樣透過各種閱讀來理解台灣，「所以我對台灣史、台灣近現代史，甚至選舉史、地圖，以及各地方角頭的人名，都有很深的記憶。」

對自己誠實

成大畢業後，初安民（右）與校對女友林鶴宜（左）一起前往台中。他在中學任教，奈何始終無法克服「課堂上，師長對學生滿口仁義道德，實際上自己卻未必做得到」的自我掙扎，一年後，他便毅然隻身北上追尋文學夢。

在成大念書，台南做為他第一個落腳生活的台灣城市，於他心中擁有絕對的位置。

在歷史上，台南位居「一府二鹿三艋舺」之首，鹿港和艋舺他都去過，但要說風華絕代當然還是台南。「我一直覺得台南跟日本的京都一樣，保留了所有台灣人最優美、也最深沉內斂的一面，讓

鋪排自己的軌道

《聯合文學》是別人鋪排好的軌道，只需要跟著軌道往前跑，但初安民想做的是，鋪排出屬於他自己的軌道。千禧年後，他創立了《印刻文學生活誌》。

我受益無窮。」

所謂一方水土養一方人，初安民對台南印象最深刻的是：「台南人生氣從來不溢於言表，到現在都這樣，愛恨藏在心裡，內斂、自抑，不輕易顯露，即便年輕一代也是。而台南的巷弄、古蹟更是令我著迷，每每去台南都還想騎著腳踏車再走一遍。那是台灣最獨特的地方，有人情之美、食物之美、風景之美，到現在還回味無窮。」

回憶生活在台南的四年，至今仍覺得幸福。初安民認為：「要說唯一的遺憾就是，一直沒辦法把台語學好。」

黃金年華都給了編輯這一行

畢業後，初安民先是追隨當時還是女友的妻子到台中，在一所中學教書。穩定的生活中，他也曾考慮安安靜靜地在小城鎮當一輩子老師，奈何無法克服「課堂上，師長對學生滿口仁義道德，實際上自己卻未必做得到」的自我掙扎，一年後，愛情穩固了，他便毅然隻身北上追尋文學夢。

北上的前幾年，初安民形容自己待過各種亂七八糟的地方，直到三十歲那年進入聯合文學，才算穩定下來；四十五歲離開聯合文學創立印刻，迄今也已經二十年了，一個人的黃金三十五年全給了編輯這一行。

「像我這麼愚笨的人，一輩子能幹一件事，不一定做到好，但做到三十五年，我的自我肯定就在這裡，」他笑說，成功失敗不是他能定義的，「而且我討厭成功的人，常常有人講，壞人都會成功，每次聽到這樣的話，我就會想：顯然我不是壞人。」

一九九〇年代的《聯合文學》在出版界與文學界可謂一枝獨秀，擁有絕對的話語權。初安民從小編輯到接掌總編輯，成為文學出版領頭人，每日面對輩出待發掘的新人與各路大家，初安民非但沒有沉醉其中，還不合時宜地在千禧年後選擇離開《聯合文學》總編輯大位，創立《印刻文學生活誌》。

對此，他的解釋是，《聯合文學》是別人鋪排好的軌道，他只需要跟著軌道往前跑，但他想做的是：成為軌道的鋪排者，鋪排出屬於自己的軌道。

「我看盡一個詩人出土的困難，」初安民嘆了口氣說，不要等到新人到處走一圈後才給機會，應該要在他踏出第一步的時候就給他，「有多少出土的人，歷經滄桑與挫折，已經被打掛了。」

只是，人算不如天算，二〇〇二年二月，初安民離開《聯合文學》後，原本計劃隔年四月發行雜誌，卻因SARS爆發又延宕了四個月，直到八月才出版雜誌創刊前號，九月一日正式推出創刊一號。

感傷而強悍

新的《印刻》誕生，猶如平地一聲雷，轟得文學界漣漪陣陣，先是採取當時極罕見、以作家人像做為雜誌封面的做法，同時在內容上亦大膽跳脫傳統文學的桎梏，不拘泥於純文學創作，而是以文學為體，結合、延伸至表演藝術、電影、生活、飲食等議題，更掀起不少話題，也創下文學類雜誌首刷銷售超過三萬本的好成績，進而帶動起出版、文學界新一波風格。

初安民得意地拍拍身旁裝滿書稿的書包說，創刊之初書包裡滿滿的全是訂單，其中他談下的就超過五百位訂戶，「現在很多雜誌的銷量也不過就是五百份，但我知道要做就要有那個意志。」

> 如果有個人想當清道夫，畢生能量投注於把地掃得乾乾淨淨，這就是成功。

隔年，「開卷週報」將《印刻》列為年度出版事件，並以「感傷而強悍」為標題。他覺得非常貼切：「我的一生就是感傷而強悍，就是一面做一面感傷，覺得我多累、孤獨，可是人都有兩面性，等等走出大門我就又變得強悍。」

他大概也是台灣少見自己跑完雜誌整年業務的總編輯，問他何以如此，他詫異回問：「你怎麼知道？」他希望自己的行事低調，不要招搖，隨後嘆口氣解釋：「我不希望同事出去採訪時還要面對最難的廣告問題，我想靠個人人脈來建構一個過得去的環境與工作場域，如此而已。」

大花園文學主義

同時，初安民也透過所謂的「大花園計畫」來海納作品。「哪有什麼大花園計畫，」他忙不迭地擺了擺手表示，「應該是說，在我的認知裡，文學就是個共和國」，就像在花園裡會有不同的花朵盛開，賞心悅目；反之，若花園中只有一種花，那實在單調、無趣又沒有意義。

初安民認為：「文學本來有各種派別、理念、政治因素、性別議題……，我絕不打壓，也不檢驗創作者的思維或立場，寫得好壞才是唯一的考量標準。」

> 台灣之所以能夠強大，是因為能夠容納異己，而非輕視。

今年邁向二十年的印刻出版，打開其出版目錄，真可謂包山包海，可見到統派、獨派、無黨無派並肩而列，同志、同人出版百花齊放，從政治人物到音樂創作者陳綺貞，從文學大家到出版第一本書的年輕創作者，都能在印刻找到安身之處。

「台灣之所以能夠強大，是因為能夠容納異己，而非輕視，」初安民表示，但若發現創作者其目的為黨同伐異，初安民也會毫不客氣地回絕。

此外，印刻也定期舉辦文學營，以及針對學生的「青年超新星文學獎」，做為培養文學明日之星的沃土。

不過，當眼光回到當下的出版情勢，初安民淡淡地笑說：「多年後回想，相對來講我是失算了。」

憑著「不同時代應該出現一本當代文學雜誌」的理念，初安民創設了印刻，讓更多作家曝光，但當年二十幾歲的他，完全沒有料到，科技的發展超乎想像，手機等3C產品出現、媒體多元化、社交媒體興起等因素，如今想要發展文學，變得相對更加辛苦與痛苦。

「紙媒的時代已經過去了，我們只是在夕陽西下時試圖叫太陽慢一點下來，」喜歡打逆勢戰爭，不願順勢掙扎的初安民說，大環

人生當留遺憾

身為中文系的學徒，在初安民的認知裡，寫作應該是最高職責，卻又難免受到諸多因素干擾而難以達成目標。灑脫如他，便說：「人生的遺憾太多了，哪能無憾？留幾個遺憾也是應該的。」

境的不可逆性這麼高，卻也讓他因此激起一股悲憤的力量：「我即便六十五歲了，也不甘於此，還想要搏一下。」

手工的溫柔

讓他決定放手一搏的，還有留住出版過程裡的手工感。

初安民不諱言，創立印刻時，新老闆希望他把規格拉得更高、更大，但「這樣一來就會變成是目標管理、數字管理導向，會陷入今年營業額要達到什麼程度，或是要計劃出版多少本書的迷思。」但他一心關注的，是想保留住這一行特有的「手藝活兒」。

「看一本書從無到有創造出來，那真是過癮啊！」說起書，初安民語調馬上變得溫柔起來，這也是「印刻」二字的由來，標誌出一種古樸的手工書寫感，一如古人以鵝毛沾墨水書寫那般古典，一如鐘錶修理師，一如小木匠，那種匠人的技藝，才是讓他深深醉心其中的原因。他說：「雜誌靠的還是眾志成城，得大家一起成就，但知道自己的手有伸進去，有處理過，那種喜悅無可形容！」

大學時期曾因編輯校刊之故，跟著排字工人學撿字、排字版，再用傳統印刷機一張張印出來，四十幾年過去，初安民還記得那種新鮮、神奇感，以及看著熱呼呼印刷品的感動。

《聯合文學》時期，美術設計還是手工時代，他也常對美術設計甩著美工筆劃線的動作著迷不已，「當時應徵美術設計，線畫得直不直是很重要的，哪像現在要什麼線都有，但那種手工與情感的投入都淡掉了。」

面對科技轟隆而至，依舊努力維持著以手寫創作、寫便條紙，初安民為的就是把電子化降到最低程度，「能降一分算一分！」真不行時，他笑笑說：「那我退休回家磨墨寫毛筆字總行吧！」

年輕時期的初安民就以詩作聞名，多次榮獲各種文學創作獎項，像是耕莘文教院詩與散文比賽首獎、《文訊》雜誌的「五四

逆勢性格

「紙媒的時代已經過去了，我們只是在夕陽西下時試圖叫太陽慢一點下來，」初安民是台灣文學界重量級的人物，面對大環境不可逆的趨勢，他心中仍有一股力量油然而生：「我即便六十五歲了，也不甘於此，還想要搏一下。」

獎」、成大的「鳳凰樹文學獎」等；創立印刻後，能真正靜下來創作的時間更少了，「根本沒心思，」他說，遇到朋友頻頻催促，一逕搪塞：「明年吧！」

> 像我這麼愚笨的人，一輩子能幹一件事，不一定做到好，但做到三十五年，我的自我肯定就在這裡。

好不容易，去年「發瘋」，在允晨文化出了一本詩集《世界上距離陸地最遙遠的小島》，他說裡頭只有三首描寫母親的詩作是認真、含著淚寫的，其他全是夜裡酒後的即興之作。

人生劇本早已寫好

「寫作這件事，我一直在逃避，想等退休以後寫，」初安民說，做為一個中文系的學徒，他認為寫作應該是最高職責，可是由於各種因素而無法有效達到這個目標，內心是有遺憾的，「但人生的遺憾太多了，哪能無憾？留幾個遺憾也是應該的，」他不改灑脫地說。

在風雨飄搖中創刊，到成為引領台灣文學發展的重要推手，二十年來最讓初安民感嘆的是：老了。他笑說自己對此耿耿於懷，卻又忙不迭地說這是題外話，別寫。

「以前看五十歲的人會覺得，這個人好老，可再過五年我就望七了，」初安民回想起年輕時一度有機會朝向教職發展，如果當初真的做了這個選擇，此時也該退休了，「所以說，人生劇本早就寫好了，只是不能讓你偷看。」

人生來到搭公車刷卡會嗶三聲的樂齡階段，前方又有不明卻排山倒海而來的科技挑戰，初安民卻仍神采奕奕，腦子裡翻轉著各種計畫，「我當然喜歡一路順風，但我發現我擅長打逆勢戰，大環境不如意的時候，我打得有模有樣，順勢時，我反倒懶散下來。」

撰文／錢麗安．攝影／黃鼎翔．圖片提供／初安民

初安民：在科技浪潮裡創新能力

長期以來，台灣的文學院一直缺乏一套養成專業雜誌所需要人才的課程，人文學院不應該再擴張，現有的資源夠了，接下來應該是強化，給年輕學子更多選項、更好的師資與職業訓練。有才氣的盡量念，但大部分得就業的，要有一套系統讓他們可以學習與訓練專業。

現實是殘酷的，未來傳統紙媒一定會告一段落，屆時文學可能會以另一種形式呈現，而且資訊也不一定靠紙本傳播。這時，編輯該具備的能力不能是制式的那一套，必須在科技的新浪潮裡，具備創新思辨的能力與格局，才能因應時代快速的變化。

給孩子一個著落或一個出發點，他們才能真正有未來。

逆轉勝

鄭世杰 南茂科技董事長

走不下去，才是一切的開始

經營企業的每一天都是貨真價實的決勝戰場，
鄭世杰在嚴苛的競爭中，
憑藉「絕對不認輸」的強烈鬥志，
拚搏出一條屬於自己的路。

SiP
Non-molding sample
Capacitor

日本「經營之聖」稻盛和夫曾說，成功的人和無法成功的人只有一線之隔。問題在，當走不下去時，「這之後」才是一切的開始。在一帆風順的「這之前」大家都會努力，但是卻越不過「這之後」的這條線。

南茂科技公司董事長鄭世杰，就是在碰到困境「這之後」這條線時，不會輕言放棄，而是勇於持續奮戰的人。

一九九七年，鄭世杰創立南茂，做的是當時被認為屬於半導體

重視團隊合作

在成大就讀時，鄭世杰（左一）加入了棒球隊與橄欖球隊，在球場上學習到團隊合作的重要性。創辦公司後，他也秉持著這樣的精神，將每一位員工都當成自己的隊友，有人奮力向前衝，也有人注意照看後方隊友的狀況，在這種團結一心的氛圍下，即便環境又生變動，鄭世杰也有信心能夠度過難關。

產業鏈中的「黑手工作」——封裝測試。身處高度受到景氣循環及國際政經局勢影響的半導體下游產業鏈，就像四處都存在著漩渦，稍不小心就會被捲入、跟著隨波擺動。但鄭世杰卻選擇從看似邊陲的地方，拚搏出一條屬於自己的路。

過程中碰到的困難、挫折不可計數，尤其在二〇〇九年金融海嘯當中，南茂遭受到客戶拖欠貨款與訂單大幅縮水的雙重打擊，不只負債金額高達新台幣兩百多億元，在美國上市的股票也瀕臨下市的危機。

憑著一腔遠大志氣與膽大心細的作風，鄭世杰不只帶領南茂安然度過亞洲金融風暴、金融海嘯、美中貿易戰及新冠疫情等高達六次的全球政經動盪，如今更以優越的技術在半導體封裝測試領域中搶下領先地位，與此同時更穩踞世界前十名的地位。

從邊陲中找出創新機會

走入南茂位於新竹研發一路的企業總部，會先看到八層樓高的建築，但是若將視線往左移動，映入眼簾兩層樓高測試廠，看似不起眼，卻是老南茂人記憶深刻的「起家厝」。

一九九〇年代，台灣半導體產業飛速成長，看好積體電路後段封裝測試的產能與技術需求日益成長，茂矽電子決定將原本的後段測試部門獨立出來，與矽品精密合作，在一九九七年成立專注於記憶體封裝測試的南茂，並由當時擔任茂矽電子後段工程處處長的鄭世杰出任總經理。

當時，鄭世杰年僅三十七歲，是竹科最年輕的總經理。

接手南茂，現在看起來風光無限，但是在當時草創階段，看好南茂發展的人其實並不多。相較於業務營運已非常穩健的母公司，新成立的南茂是一個充滿不確定性的高難度任務；再加上他原本負責的後段測試並非公司的獲利主力，而是後勤部隊，「就像是半導體產業的黑手，大家比較不願意做，」他笑著說。

他人眼中的邊陲之地，鄭世杰卻從中看到創新的機會。他的自信，來自於寧為雞首、不為牛後的自我期許，以及果敢又細膩的大局觀。

捨我其誰的膽量

鄭世杰的決策思路很明快，他了解，接手一家新成立的公司，當然具有一定風險，「但如果我不抓住這個機會，自然有別人會做。」相較於其他高階主管多為IC設計及晶圓製造專家，鄭世杰自認在測試領域已浸淫多年，也與封裝廠商合作許久，打下扎實的基本功。於是，當機會來臨，他便帶著捨我其誰的膽量承接下來。

更何況，在鄭世杰眼中，南茂其實在創立之初就已打下良好的地基。

「要把一間公司經營好，大概就看四個關鍵，財務、技術、人才，以及客戶，」鄭世杰一一細數：在茂矽及矽品的支持下，資金不是問題；技術有來自於矽品的支援；人才部分，除了茂矽原本的班底，進駐南科後，南茂也大量招募過去曾於飛利浦、日月光、高雄電子工作過的員工；而主要客戶則可承接母集團的資源，光是茂德、茂矽的訂單就足以支持公司生存，即便一成立就碰上亞洲金融風暴，南茂的營運仍順利上了軌道。

在穩健的同時，鄭世杰也銳意進取，因為不想只是做「Me too」

勇敢抓住機會

因應台灣半導體產業飛速成長，茂矽電子在一九九七年成立專注於記憶體封裝測試的南茂，並由當時擔任茂矽電子後段工程處處長的鄭世杰（右三）出任總經理。雖然南茂是他人眼中的邊陲之地，鄭世杰卻從中看到創新的機會，以捨我其誰的膽量承接下來。圖為南茂南科廠動土典禮，右七為時任台灣省省長宋楚瑜。

的產品，他花了一個多月的時間跑遍日本，四處尋找合作夥伴，後來才敲定與夏普合作，在原本來自母公司的DRAM封測之外，再加上LCD驅動IC的新產品線，使得公司的產品布局更為多元化，營運不再受限於記憶體產品景氣循環的影響。

二〇〇五年，南茂拿到全球編碼型快閃記憶體大廠飛索（Spansion）擴大委外封測的五年代工訂單，由南茂投入百億元資金添購機台，並由飛索給予南茂最低保證下單量；再加上另一個主要

沉著跨越難關

二〇〇一年南茂於納斯達克上市之後，一直是投資人心中穩健的投資標的。不料金融風暴襲捲全球，南茂遭受到客戶拖欠貨款與訂單大幅縮水的雙重打擊，不只負債金額高達新台幣兩百多億元，股票也瀕臨下市的危機。然而，面對種種難關，鄭世杰依然保持泰山崩於前而色不變的鎮定，不僅順利討回債權，更以誠意與情義留住客戶和合作夥伴。

客戶茂德，兩大客戶帶來的營收貢獻，就占了南茂年營業額的五成左右。

「當時業界常說，南茂做生意很輕鬆，只要專心服務這兩個客戶就好。」沒想到，當金融風暴襲捲全球，茂德與飛索先後爆發財務危機，南茂也因此被拖欠近三十億元新台幣的貨款，再加上景氣緊縮導致訂單量大減，一夕之間，南茂負債金額居然高達新台幣兩百多億元，公司陷入有始以來最大的危機。

絕處逢生的傳奇

南茂在台灣營運狀況不佳，連帶也影響美國投資人的信心。二〇〇一年南茂於納斯達克上市之後，一直是投資人心中穩健的投資標的，但是在二〇〇八年年底，南茂的股票卻跌至十八美分，一度面臨下市的危機。

眼看公司的周轉資金即將告罄，南茂只能向銀行申請紓困方案。幸運的是，在銀行核准南茂紓困申請的隔天，飛索就聲請破產保護，「只差一天，銀行就可能不會同意我們的紓困案，」即便是回憶當時極為險峻的情勢，鄭世杰的語氣卻還是一樣雲淡風輕；但也正是這種泰山崩於前而色不變的鎮定，才讓混亂的軍心安定下來。

除了親自坐鎮第一線，帶領團隊齊心解決問題；同時間，鄭世杰也放下身段，開啟漫長的「討債」攻防戰。

當時，鄭世杰向美國破產法院聲請飛索積欠的應收帳款約七千萬美元，以及大約兩億四千萬美元的損害賠償；因飛索持續向南茂下單，和解協議將損害賠償債權減為約一億三千五百萬美元，在當時眾多廠商之間，南茂是唯一一個順利討回債權的公司，也因此成為半導體產業的一段傳奇。

之所以能「討債成功」，鄭世杰謙虛地歸功於當初與飛索合作之前，專業團隊擬定的嚴密商業合約，但是他將心比心，對長期客戶的用心經營，其實才是關鍵的臨門一腳——當時飛索雖已聲請破產保護，但其實手上仍有訂單，卻只有南茂願意為飛索代工。

在這之間，既有務實面的考量，也有鄭世杰努力支持重要客戶的情義。過去為了飛索而投資的昂貴設備，很難在一夕之間找到新的客戶，因此，南茂不只持續出貨給飛索，甚至還在原本的合約之外，又另外追加五年合約。

這個決策，現在看起來極為正確。經過破產重整的飛索，二〇一〇年後，營運陸續回復正軌，二〇一四年還獲「金融巨鱷」索羅斯（George Soro）的入股，而南茂也能持續穩居飛索的封測最大合作夥伴。

患難見真情，挺過難關

不論是催款或還款，都可歸於理性的經濟模型計算範疇，但最令鄭世杰耗神的，卻是難測的人心。

二〇一〇年，南茂將債權折半賣給花旗集團後，帳面回收約一億美元現金（折合當時新台幣約三十二億元），再加上茂德呆帳也收回將近十億元新台幣，南茂的營運壓力暫時獲得緩解。

但是在當時風聲鶴唳的氛圍之下，市場上卻一直傳出不利南茂的傳言，有將近三年的時間，鄭世杰每三個月就要飛往美國「巡迴」拜訪，讓客戶親眼確認南茂的營運一切正常，不致出現斷鏈危機。

即便如此，鄭世杰仍時常在半夜接到客戶的訴苦電話，這些合作夥伴都因為選擇支持南茂，在公司內部遭到極大的壓力。安撫完客戶之後，其實自己心中的壓力也幾乎達到臨界點了，在又一次與客戶的深夜電話之後，他忍不住坐在床沿想：「公司欠了這麼多錢，究竟要怎麼還？」

> 不論是經營企業或人生，「專注」都是必要條件。

「我太太問我為什麼不睡，我說欠這麼多錢不知道怎麼辦。她接著問，那你有錢嗎？我當然沒錢；她又說，既然沒錢，就睡覺吧，」即使當下鄭世杰很難真正樂觀面對，但是在這段艱困的時刻，除了家人的支持之外，公司重要的資深幹部也留下共度難關，還有許多往來的銀行窗口，因過去借款給申請紓困的南茂而遭到記過、調離等處分，卻始終願意與鄭世杰好好協商還款計畫。

「後來我們順利把債款還完，那些被記過的人後來全都升官了，」他談到，與此相對，也有幾家銀行不只每個月濫發存證信函，更會在債權會議上不斷製造騷動混亂，只為了被列為優先還款對象。

大難時期的人情冷暖，鄭世杰點滴記心頭。恩怨分明的他，對於當時相挺的銀行，如今南茂便主動提供更好的合作條件；而對於過去「雨天收傘」的幾家銀行，不論對方開出多優惠的利率，南茂也堅持拒之門外。

花了三年的時間，南茂終於將債務還清，「兩百多億元堆加起

永遠做好準備

南茂已從草創之初的四百多人拓展至六千人的規模，然而面對瞬息萬變、競爭對手只增不減的市場環境，鄭世杰（右二）依然不敢鬆懈，因為他深知，前方仍有戰役要打，必須時刻做足準備應對。

來，差不多可以將這間會議室塞滿，」鄭世杰坐在偌大的會議室中，雙手比劃著，臉上終於露出淡淡的微笑。

唯有專注才能勝出

鄭世杰時常開玩笑地說：「什麼叫半導體？就是倒一半（半倒）。」因為半導體產業的技術迭代過於快速，而且深受景氣及市場波動影響，入行多年來，鄭世杰已經歷過至少六次的景氣循環，他看過太多公司的樓起樓塌，尤其是金融海嘯時，南茂也差點面臨滅頂之災，更讓他戒慎恐懼，時常提醒自己不要過於貪心，必須做好謹慎的財務規劃。

鄭世杰將自己的經營理念歸納成三個心法。

首先，是在平時便要與員工建立互信情誼，在定期會議中，透明公開地更新公司財務及營運數據；第二，則是要廣結善緣，以誠信對待供應鏈的合作夥伴，絕對不能因為一時的市場需求提升而隨意提高價格，或是差別對待，否則景氣不好時，當初被你得罪的客戶，可能就會是第一個抽單的。

最後一個，也是最重要的經營心法，就是「專注」。

不論是經營企業或人生，鄭世杰都很強調專注的重要性。在成大電機系就讀期間，他便跟著當時的導師、義守大學前校長傅勝利，開始接觸到系統封裝的專業知識，日後出了社會，也一直專注在半導體產業，不論工程、製造到市場等不同領域，他都努力鑽研，讓自己成為專家，才有被公司慧眼識中、執掌南茂的契機。

同樣，南茂的經營也堅持「有所為，有所不為」理念，絕對不做與本業無關的轉投資，而是深耕記憶體產品、顯示器驅動IC，以及邏輯與混合訊號產品三大主力產品，才能保持技術及市場占有率的領先地位。

這個做法，正呼應了隱形冠軍之父西蒙（Hermann Simon）的觀察，所有隱形冠軍的公司，都擁有近乎偏執的專注力，在選擇和定位自己的目標市場後，就會專注再專注，致力成為該領域的第一行家。

將心比心

鄭世杰歷經經營上的困難、看見商場冷暖，在自己有能力的時候，也努力支持遇到難關的客戶，並且贊助獎學金幫助年輕人順利完成學業。

根留台灣，培養人才不遺餘力

對人才的重視與用心培育，也是南茂的經營特色之一。

鄭世杰曾在台灣半導體產業協會的專訪分享，為了展現公司對於求職者的重視及尊重，南茂集團曾整合所有集團公司的力量一起進行召募，並提供面試者車馬費。

在半導體產業中，人才是決定公司未來的重要因子，而南茂時常要與台積電、聯發科等知名企業競爭人才，但是與其祭出高薪誘因，鄭世杰選擇另闢蹊徑，長期經營南茂與全台多所大學之間的合作關係。

> 如果你對自己正在做的事情有興趣，無論未來選擇什麼職業、公司，都能夠一直保持專注，即使投入很多時間，也不會覺得無聊。

早在南科道路尚未修葺完成、園區還是一片漆黑時，南茂便已經率先進駐。而鄭世杰深知大學與產業之間的學用落差極為嚴重，便慷慨出借南茂國家級的實驗室，歡迎電機系的老師、碩博士班研究生借用機台。譬如，前陣子南茂才剛捐贈南台科技工學院三台半導體封裝設備，讓南茂資深工程主管所擔任的業師可進行實務教學之用。

南茂也提供獎學金，幫助家境較清寒的學生順利完成學業。起心動念，來自於鄭世杰某次前往中原大學拜訪時，眼前居然出現了一條長長的排隊人龍，一開始他還以為這些人都是他的演講聽眾，後來才發現，原來這些學生都是要申請辦理就學貸款業務。

這個景象，讓鄭世杰深受觸動，便開始提供獎助學金名額。對學生而言，可減輕經濟負擔，畢業後還可直接進入南茂；對南茂而言，也能夠吸引到許多優秀的人才。若學生選擇另謀高就，鄭世杰也充滿祝福，因為這代表學生獲得比南茂更優渥的機會，只需要返還過去的金額即可。

享受團隊並肩作戰的過程

如今，南茂才剛歡慶成立二十五週年，公司也從草創之初的四百多人，拓展至六千人的規模。但是鄭世杰卻絲毫沒有鬆懈，隨著半導體終端運用的多元化與快速升級，原本邊陲的IC封裝市場，也逐漸成為產業核心，吸引愈來愈多競爭對手加入戰局。

但是不論等在前方的戰役有多辛苦，鄭世杰最享受的，還是與團隊並肩作戰的過程。大學時曾加入棒球隊與橄欖球隊的鄭世杰，也將每一位員工都當成自己的隊友，有人奮力向前衝，也有人注意照看後方隊友的狀況。

在這種團結一心的氛圍下，即便半導體產業又進入了一次修正循環，鄭世杰也充滿信心，將繼續帶著南茂走得更穩而遠。

撰文／王維玲．攝影／黃鼎翔．圖片提供／鄭世杰

鄭世杰：努力不見得成功，不努力絕對沒機會

很多人會問，究竟該如何選擇自己未來的工作？你可以透過性向測驗了解自己的性格，或是從興趣出發，先找出適合自己的路，才能去挑選公司。不過，如果你對自己正在做的事情有興趣，無論未來選擇什麼職業、公司，都能夠一直保持專注，即使投入很多時間，也不會覺得無聊。

專注之所以這麼重要，是因為在這個時代裡，雖然努力不見得會成功，但是不努力就絕對沒有機會。

除此之外，我也建議年輕人要慎選公司。

以半導體產業為例，有些公司為了避免出錯，偏好讓高階人力做基礎工作，但一樣可以領到高薪；有些公司開出的薪資不是最高，但提供很完整的職涯舞台。究竟要在大公司中當一個小螺絲釘，還是要在產業中發揮更大的影響力？就看個人的抉擇了。就像我當初在茂矽不是主力部隊，所以我更願意抓住機會，帶著團隊去創辦南茂。

如今科技日新月異，發展快速，學校所教的知識跟產業最新的技術之間一直存在落差。在這種情況之下，更需要你投入時間，自我學習，在課業之餘，也可以多加尋求實習的機會，或是透過學校資源，盡可能請教業界的前輩、老師，就能少走一些冤枉路。

厚積薄發

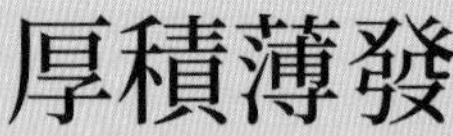

楊陽 UCLA講座教授

斜率比起點更重要

懷抱旺盛的求知欲與好奇心，
堅持自己的理想，
楊陽或許「輸在起跑點」，
卻在人生的轉折點獲得成功。

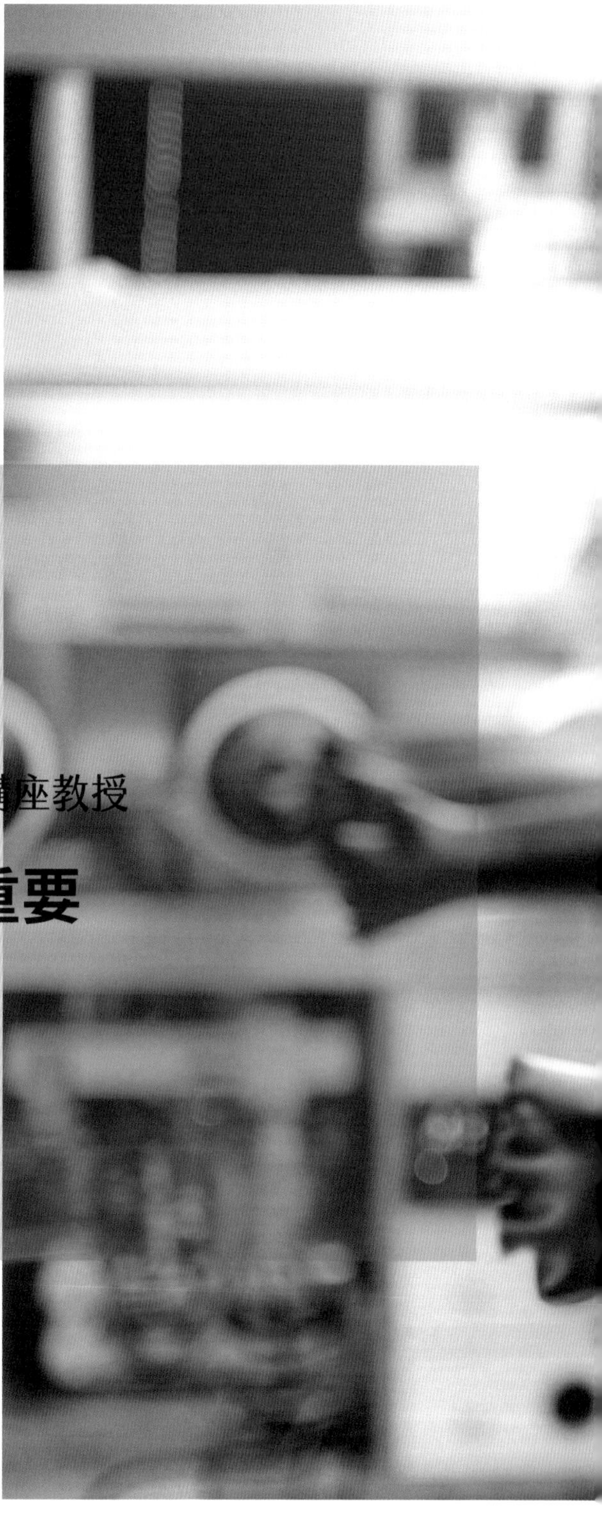

在美國加州大學洛杉磯分校（UCLA）材料科學與工程學系講座教授楊陽的辦公室裡，有一面意義非凡的牆。上面密密麻麻貼著的，不是榮譽證書或獎章，而是畢業學生從世界各地寄給他的問候明信片。

孕育光電人才

「我最大的成就就是培養一群優秀的學生，」濃眉大眼、戴著黑框眼鏡的楊陽自豪地說，他從一九九七年進入UCLA後，實驗室總共培養了上百位博士與博士後研究員，其中超過四十人成為大學教授。

被國際媒體湯森路透公司（Thomson Reuters Corporation）譽為「世界上最有影響力的科學思想家」之一的楊陽，具有新世代薄膜太陽能電池領域執牛耳的地位。他在二〇〇五年到二〇一二年將有機太陽能元件的光電轉化效率，從低於二%拉高到超越一〇%的門檻，具備商業化的可能，使有機光伏元件成為全球矚目的熱門研究領域。

二〇一三年，他帶領研究團隊進入鈣鈦礦太陽能電池（perovskite solar cell）領域，在一年內達成近一九%的光伏效率，研究成果登上最具權威性的《科學》（*Science*）雜誌。在過去不到十年的時間，他的研究團隊已在《科學》雜誌發表五篇、在《自然》（*Nature*）期刊發表一篇關於鈣鈦礦太陽能電池的文章。

低成本、可彎曲、輕薄透光的新世代太陽能電池，取代傳統昂貴、高汙染的矽晶太陽能電池，因為楊陽團隊的研究，似乎變得指日可待。而他，不僅是歐洲科學院（EURASC）院士，美國物理學會（APS）、美國材料研究學會（MRS）和英國皇家化學學會（RSC）會士，還獲頒南加州中華科工學會「終身成就獎」。

然而，傲人成就的背後，並不是一帆風順的人生。

晚了十年才起跑

在求學、就業的路上，楊陽經歷過許多人想像不到的起伏挫折，繞了不少路。

> 在漫漫人生中，成長與突破的速度才是最重要的事。

大學聯考時，他的英文只考十七分——在一九七八年代，這個分數，落榜、重考，是逃脫不了的命運。

當完兵，打算出國的他，只申請到排名兩百多名的學校；進入麻省大學（UMass-Lowell）研究所，卻讀了六年半，換了三個課題組；後來，他當上UCLA的助理教授，已經接近四十歲，晚了大部分同儕足足十年。

「第一次換組是因為想要拓展專業知識、增廣見聞，第二次是因為指導教授要我做非原本研究主題的計畫，但我不想妥協，」楊陽提到，他的主課題從一開始物理系的非線性光學，轉到電機系研究多晶矽太陽能電池，一年半後又轉到化學系做高分子研究。

每次換領域，就意味要修新課程。

「當時很沮喪，壓力巨大，學校也十分頭痛，但按規定不能阻止學生換課題組，」楊陽坦言，那種茫茫然不知未來在何方的感覺，讓人相當焦慮、忐忑，還好有太太一路支持，才得以挺過煎熬，也讓他擁有不一樣的人生體會。

對於這十年落差，他的解讀是，在漫漫人生中，成長與突破的

樂在解惑

透過台大、成大兩校聯合的讀書研討會，除了吸收新知，楊陽更體會到授業解惑的成就感，想成為教授的想法也逐漸成形。圖為一九八二年學生研討會部分成員，由左到右為：朱慕道、詹益仁、韓殿君、楊陽、王松亭。

速度才是最重要的事。

「斜率比起點重要」的道理，就是在那時候產生的感悟。

「在很多人眼中，我不只輸在起跑點，還輸了前面一整段路，」楊陽半開玩笑地說，他看到太多過早發光發熱的年輕研究員，最後創新能量提前耗竭。反觀自己，在曲折人生中，累積了充足的韌性、耐挫力和跨領域的能力，成為未來持續發展的養分與決戰人生下半場的基礎，「雖然我人生的重要時間點，像是博士畢業、當上教授，比別人晚了十年，但我認為這十年並沒有白白浪費。」

窮孩子的爆發力

楊陽面對逆境仍樂觀以對的個性，與家庭環境密不可分。

父母是潮州人，畢業於廣州中山大學電機系的父親，在彰化縣溪州鄉的台糖工廠擔任電機工程師，楊陽在家裡五個小孩中排行老么，備受疼愛。

「可能因為我是全家最小的，父親對我特別寬容，」楊陽回憶，父親在家採威權式管理，對哥哥尤其嚴格，對三個姐姐也是偏向高壓的教育，唯獨對他比較放鬆，也因此在他的童年回憶裡，滿滿占據的都是「玩」。

炎炎夏日，赤腳踩進冰涼的池塘，徒手在清澈的水中抓滑溜溜的魚……

在長長的竹竿上沾膠，站在樹蔭下，瞇起眼睛黏樹幹上鳴叫的知了……

呼朋引伴，一起趴在泥土地上打彈珠……

「因為窮，想玩就得發揮創意，」楊陽不諱言，現在他的學生中，最有創意的，很多也是在鄉下長大，可能從小就要自己變花樣玩，特別有原創性。

無奈的是，楊陽無憂無慮的童年，因為台糖總公司從彰化溪州搬到台北，舉家跟著父親北上定居，從此劃上句點。

在準備重考中重建自信

來到強調升學主義的大都市，從女師附小（台北市立女子師範學校附設小學）、南門國中到建國中學，楊陽的生活裡，不是上課的「填鴨」，就是補習班的「填鴨」。

每天的生活淨是讀書與考試，雖然嘴上不說，但喜歡自由思考的楊陽，打從心底排斥這種壓抑、單調的生活。

令他印象最深的是，連國小音樂課都充滿壓力。

「音樂老師很嚴格，要求我們一定要會看五線譜，」楊陽回憶，有一次自己在清晨四點被嚇醒，掙扎著從被窩鑽出來，摸黑準備音樂課。

因為厭惡填鴨式教育，楊陽的成績並不理想，第一次聯考就嘗到落榜的滋味。「我英文只考十七分，印象很深，因為當年英文高標是七十一分，兩個數字剛好反過來，」楊陽至今仍常自我解嘲。

很多人會把重考視為人生的汙點，但楊陽並不這麼看。

「這是自信心重建的過程，讓自己從跌倒的地方站起來，」他說：「我認清了補習班那套對我沒有用，要靠自己的方法賭一把。」

楊陽回憶，他把高中三年間，疊起來足足有二、三十公分高的補習班講義全部丟棄，只抱著六本英文課本啃，從頭到尾背得滾瓜爛熟。

從九月到十二月，他天天跑植物園，對著荷花池大聲朗誦課文。一天天看著植物園的樹木，茂密葉子從墨綠轉褐黃，最終一片片隨風飄落，他內心對英文的把握也與日俱增。

再次放榜時，楊陽的英文成績比高標足足多了十七分，順利進入成功大學物理系，而這個全憑自己土法煉鋼的經驗，也讓他克服了對英文的恐懼，從此不怕開口說英文。

找到樂趣與成就感

有句話說：大學是「由你玩四年」（university的諧音），但在楊陽眼中並非如此。

「當年成大物理系有兩個特色：一是功課很多，二是老師給分不高，」楊陽回憶，當時他與同寢室的物理系同學總是寫習題到三更半夜，其他系同學不是去打球、就是去舞會。

境遇有如天壤之別，心裡是什麼感覺？

「當然很羨慕，」楊陽回憶，「但也因為物理世界的博大浩瀚，讓兩校聯合的讀書會應運而生。」

他清楚記得，當時與詹益仁（曾任中央大學電機系系主任、工研院電光系統所所長，現任職台灣半導體界）、朱慕道（工研院電光所組長）等同學，和台大物理系學生（包括後來成為加州理工學院教授的葉乃裳）相約，一起讀物理巨著，每週在台大的階梯教室輪流報告，討論完再一起吃飯慶祝。

大四時的一次系所研討會，更是讓楊陽印象深刻。

當時他負責講「狹義相對論」，對象是同學與高自己一、兩屆的研究生，讓他格外戰戰兢兢，因為不但必須把要講的內容鑽研透徹，還必須反覆思考講題呈現的方式。

然而，當天時間一到，楊陽站上台，就在黑板兩側寫上狹義相對論的方程式，之後開始滔滔不絕地分享。

積極求知

在美國麻省大學自由開放的學習風氣下，楊陽充分體驗到科學研究的樂趣，讓他得以盡情探索、揮灑創意，成績更是突飛猛進。

「看到台下聽眾的眼神，從不抱期待的黯淡無神，逐漸轉為興奮發亮，我知道自己成功了，」楊陽說。之後的問答時間，現場提問踴躍，互動空前熱烈，演講結束後還有不少研究生跑來跟他道謝：「本來總搞不懂狹義相對論，你一講，我竟然就理解了！」

> 永遠保持開放的心態，持續耕耘，為未來人生向上飛躍的「正斜率」做準備。

嘗到教書的樂趣與成就感，楊陽受到鼓舞，想成為教授的種子，默默在他心底生根發芽。

從平均分不到七十變「全A」

環境能改變一個人的視野，甚至扭轉個人的命運。對楊陽而言，正是如此。

「如果留在台灣，我最多只是個平凡的工程師，但在美國，我就有無限的可能，」他說。

在麻省大學的第一堂課，讓楊陽驚喜萬分：「美國的老師非常鼓勵學生找他討論，更歡迎不同的意見與想法，讓原本就喜歡追根究柢問問題的我，有了如魚得水的歸屬感。」

這樣的學習環境，讓原本在台灣成績屬於中後段的楊陽，搖身一變成為「全A」的模範學生，同期出國的友人都跌破眼鏡。

為什麼有這麼大的差異？

「應該是因為在研究所時期，我充分體驗到科學研究的樂趣，」楊陽笑著形容：「在實驗室裡工作，有種如同回到小時候，自己做玩具的感覺。」

做研究的過程，可以盡情揮灑創意，他愛極了那種可以自由發揮潛力的感覺。

與此同時，楊陽養成了每天寫實驗紀錄本的習慣。從實驗的過程、方法，到做研究的心得，甚至靈光一閃的點子，都收錄其中。而因為要詳細記錄所有實驗過程與結果，不能有絲毫馬虎，且白紙黑字記下的數據無法造假、不能灌水，無形間又養成他扎實做事的態度。

機會是給準備好的人

如果要用一句話形容楊陽，「一步一腳印」應該相當貼切。具體的例子之一，就是許多留學生覺得當助教浪費時間，但楊陽卻在麻省大學當了五年助教，並且十分享受那段時光，更鼓勵年輕人把握這樣的機會。

「當助教有助於提升溝通表達能力，」楊陽以自己為例談到，學生都很喜歡他，甚至集資請他吃飯，「據說是有史以來頭一遭。」

博士班畢業後，楊陽得到幾個工作機會，薪水都不差，但因為懷抱當教授的憧憬，他毅然決定到加州大學河濱分校擔任博士後研究員。

永保好奇心

一步一腳印，楊陽憑藉著在UNIAX累積的實力與成果，取得UCLA的教職，完成長久以來的夢想。回首來時路，他格外鼓勵學生多方探索，更要永遠保持好奇心與求知欲，方能不斷突破。

誰也沒想到，一個忠於理想的決定，卻成為改變人生的契機。

某天，研究室裡出現一個人，他是楊陽所在研究室另一位博士後研究生的丈夫，叫做陳百助（後來成為南加大商學院教授），正在認真翻閱《華爾街日報》（*The Wall Street Journal*）。出於好奇，他上前攀談，才知道陳百助正在幫太太找工作。

「她不是才剛來，合約還有兩年，現在找工作會不會太早？」楊陽吃驚地問。

「你怎麼知道機會什麼時候出現？做好準備才能抓住機會啊！」陳百助理所當然地回答，卻一語驚醒夢中人，楊陽決心起而效尤。

很快，楊陽看到UNIAX公司（杜邦顯示公司前身）的徵才資訊，並且爭取到面試機會。

進入科研大聯盟

那是一家做柔性高分子OLED（有機發光二極體）的公司，座落在美國加州聖塔芭芭拉市（Santa Barbara）。只不過，面試一開始，公司老闆海格（Alan Heeger）就坦白告訴他，這個職務已內定給一位英國劍橋的科學家，只是為了符合美國移民局的規定，形式上必須再面試三位求職者。

聽到這個消息，楊陽沒有氣餒，反而告訴自己：一定要讓對方覺得「非我莫屬」。於是，他卯足全力表現，經歷兩週的惴惴不安後，果然收到了錄取通知。

若說到美國留學讓楊陽開始在學術領域振翅飛翔，進入UNIAX工作，就是他終能翱翔科研雲霄的關鍵。

UNIAX規模不大，楊陽是編號十二的員工，全公司除了人事與會計，其他全都是科學家。公司就像個小型的貝爾實驗室，科研氛圍非常濃厚。公司兩位創辦人都是大學教授，其中海格還在二

○○○年得到諾貝爾化學獎。

「我在研究所學的三個領域，在這裡終於融會貫通，得到爆發性的成長，」楊陽說，以前學得很廣，但在UNIAX四年半，得以由淺入深，而海格更是他最感謝的人。

「他把我提升到大聯盟的水平，」楊陽以美國職業棒球聯盟比喻。蓄著灰白絡腮鬍、像賈伯斯一樣喜歡穿黑色高領衫的海格，總是神態輕鬆、知無不言，「他辦公室的門永遠敞開，歡迎員工隨時進去討論甚至辯論。」

在領導者以身作則的氛圍下，同事之間不藏私，也是UNIAX的特色。

楊陽回憶，當時他常和中國大陸的化學家，後來成為中國科學院院士的曹鏞一起做實驗到深夜。曹鏞的學識豐富，對許多專題都有獨到的見解，楊陽一有空檔就向他請教，曹鏞也傾囊相授。

提升科研能力，累積亮眼成果

在UNIAX的學術激盪下，楊陽的科研能力迅速提升，逐漸累積起一項項亮眼的成果。終於，在UNIAX工作四年半後，取得UCLA的教職，完成他長久的夢想。

楊陽在一九九七年進入UCLA擔任助理教授，學校給了他十萬美元的啟動基金，以及一間三十平方公尺大的實驗室。空間很迷你，但他的內心充滿了喜悅。

在那個實驗室裡，楊陽從以噴墨印刷製作OLED面板開始，申請到美國海軍部、空軍部、國家科學基金會（NSF）的項目基金，成功站穩腳步；二〇〇四年後，他以有機太陽能電池為主軸進行一連串研究，他與團隊發表超過五百篇論文，引用率高達十三萬次。

> 把時間點拉長，厚積薄發，讓自己最精采的劇本，在最好的時間呈現。

此外，楊陽實驗室還創下八次有機太陽能電池效率的世界紀錄，技術促成新創公司朔榮有機光電科技（Solarmer Energy）的成立。朔榮有機光電曾創下有機太陽能電池效率達八．一三%的新紀錄，在業界頗為知名。這個紀錄，後來被記載在美國能源部的最佳光伏世界紀錄的圖上。

永保好奇心與求知欲

回首過往二十五年的學術生涯，楊陽分析自己能不斷突破的主因，在於「我有旺盛的好奇心與求知欲。」

在博士班時期，因為對新知識的渴求，他執意更換課題組，雖然過程艱辛，卻也因此奠定了他在物理、化學，與電機三方的跨領域能力。所以，帶學生時，楊陽格外鼓勵他們多方探索，「異想天開也行！」

譬如，自二〇〇二年開始，他就鼓勵學生，在離開研究團隊前，提一些自己以前沒做過的創新點子，並且他還會提供啟動基金，贊助學生實驗。

這些天馬行空的想法，並非最後都能開花結果，但他總會勉勵

以提攜後輩為志

楊陽（前排右四）自一九九七年進入UCLA後，實驗室總共培養了上百位博士與博士後研究員，其中超過四十人成為大學教授。他自豪地說，人生最大的成就就是培養一群優秀的學生。圖為楊陽團隊二〇一八年合照。

年輕人，永遠保持開放的心態，持續耕耘，為未來人生向上飛躍的「正斜率」做準備。

「把時間點拉長，厚積薄發，讓自己最精采的劇本，在最好的時間呈現，」是楊陽最中肯的建議。

撰文／王怡棻．圖片提供／楊陽

楊陽：打好基礎，也要勇敢表達想法

要培養年輕人才，基礎非常重要。所以，來我實驗室的新研究生，第一年我不要求他做太多科研，反而希望他好好修課、做習題，準備博士的基本考試。

另一方面，我很重視學生寫實驗紀錄本。我從年輕時就養成寫實驗紀錄本的習慣，紀錄中不只包含實驗的過程與結果，也寫下當時的心情與體悟。這樣做的好處是，當實驗出問題時，能夠回頭確認哪個步驟有誤，因為清楚記下數據，無法造假，也能養成誠實的態度。

誠實、正直、走正路，是做科研的基本原則。許多教授不喜歡與國家可再生能源實驗室（NREL）合作，因為NREL的測試非常嚴格，經常因此拉低實驗室的數據，導致不容易發表論文或申請經費。

我們的實驗數據一開始也在NREL的測試下大打折扣，但我認為採用光伏行業認可的方法十分關鍵，就堅持下去，最終促成有機太陽能電池量測的標準化，讓有機光伏的研究結果得以被無機光伏的專家接受。我們也藉由這個機會和NREL一起發表論文，這篇論文後來變成這個領域的經典之作，把劣勢變成優勢。

透過這個例子，我希望年輕人理解，有想法與創意至為重要。

許多年輕人其實都相當優秀，但長期壓抑的教育環境，束縛了他們的發展。比方說，有一位來自上海復旦大學的學生，到我們實驗室兩年，一直都非常安靜；想不到有次開會，他突然開口表示不同意我的看法。

那一刻，我感動到幾乎要掉眼淚。我告訴他，老師與學生是平等的，有不同的想法，才能彼此學習。之後這位學生的研究，果然有了突破性的創見。

蘇大
醫師

行動力

蘇大成 台大醫學院教授

成為對世界有價值的人

有別於一般醫師，
蘇大成走入人群、走入社會，
將所學結合實際需求，
幫助世界變得更加健康與美好。

「這是薄荷醇，薄荷的結晶，一種抗病毒的東西。」

眼前這位極具親和力、對周遭環境與人有一種熱情、想將自己所知所學分享出去的醫師，同時擁有公共衛生、環境職業醫學及心臟內科跨領域專業，他是蘇大成，被譽為「台灣環境心臟學先驅研究者」。

訪談開始沒多久，蘇大成迫不及待拿出像細碎冰糖般的薄荷醇，還邊解說邊分裝成若干小袋，叮囑我們隨身帶著。

二〇二一年，中研院發表研究，經過細胞與倉鼠測試，發現了五種具有抑制新冠病毒活性的潛力藥物，薄荷是其一。

接著，蘇大成指著他研究室桌椅後上方的抽風扇，說明新冠病毒是空氣傳播，預防的重點除了施打疫苗，更重要的是從改善環境下手，保持通風換氣，「即使我帶有新冠病毒，說話時噴出來，依然可以透過抽風機，讓空氣內的病毒減量，讓病毒不逗留，這才是防疫的重點，同時設法營造具有抗病毒芬多精的環境。」

對疾病的思考，蘇大成慣常以公共衛生的角度剖析，先巨觀，找問題癥結，再微觀，一一解決。

看見長輩的努力

蘇大成的求學生涯頗具波折，轉了好幾個彎，卻也因此淬鍊出豐厚的人文底蘊及遼闊視野，甚而讓科學研究進入常民生活，以溫和且專業的方式，進行一場場「社會改革」。

來自醫師世家的他，父親蘇鴻麟與叔叔蘇鴻儒都畢業於台灣大

立下志業

蘇大成（右）來自醫師世家，從小便在父親蘇鴻麟（左）的診所幫忙。他看著父母親即使出生背景良好，依然認真工作與生活，耳濡目染之下也深受影響，在心中埋下日後志業的種子。

學醫學系，這對傑出的兄弟有感於鄉下地區醫療資源缺乏，畢業後就返回南部開業，服務鄉親。父親在屏東縣九如鄉執業，叔叔則在屏東縣里港鄉開診所，頗受地方敬重。

小學五年級之前，蘇大成在鄉下長大，日常便是徜徉在大自然中，不是去河邊游泳，就是去釣魚、釣青蛙。當時鄉下很多人窮到沒錢看病，蘇大成的父親依然給予診療、照顧，病人若沒錢付醫藥費，有時會以食物相抵，但父親更多時候是乾脆分文不取。所謂仁心仁術，這便是最好的注解。

蘇大成的父親今（二〇二二）年高齡九十九歲，前些時候才被蘇大成接到台北照料，「父親從小刻苦耐勞，十三歲就有氣喘，小時候，我常看著父親騎摩托車去幫人看病，邊氣喘邊看診，為了病人從早忙到晚。」

蘇大成的母親，是日治時代高雄州議員許受全之女。身為屏東車城望族的大家閨秀，結婚後「嫁雞隨雞」，在住家醫院附近種玉

為研究獻身

一九九三年，蘇大成（三排左四）到台大擔任心臟科訓練醫師，投入由李源德教授（一排左四）主持、從一九九〇年開始的「金山社區心臟血管疾病社區研究」，為台灣學界建立重要的社區研究典範，後續簡國龍教授帶出近十個博士、十多個碩士，而他與簡國龍主導撰寫的「金山社區心血管疾病世代研究」系列論文，至今仍是心臟流行病學領域經常被引用的經典研究。

米、香蕉等作物，捲起袖子當農夫，悉心照料先生及孩子們。

「我看著父母親即使出生背景良好，依然相當努力、認真工作與生活，這深深影響了我，」蘇大成自小衣食無缺，父母卻給了他最寶貴的身教示範。

小學四年級，蘇大成轉到屏東市念書；五年級時，在母親建議下，父親將診所搬遷至屏東市，蘇大成一路在市區念完國小、國中，並考上屏東高中升學班。

高二那年，他沒特別補習，憑著自修挑戰轉學考，考上台北市中正高中，他離鄉背井來到台北，天天通車到士林念書。

下定決心就要全力以赴

自小看著父親與叔叔為人治病的身影，蘇大成內心思忖著，將來也要成為一位醫師。可惜，大學聯考不太順利，第一年考上台北醫學院醫技系，他二話不說決定重考；苦讀一年後，考上台大公共衛生系，蘇大成決定保留學籍，第三年再考；未料，本來很有把握的英文填錯表格沒考好，再度與醫學系失之交臂。

帶著惆悵的心，蘇大成回到台大公衛系就讀。雖曾想要轉系，可惜皆未能如願，不過，也因此造就了他為理想鍥而不捨的那份堅持。

一旦下定決心，就努力往前衝。於是，大三開始，蘇大成決定認真研讀公衛，主動爭取當班代，投入各項公共事務，實際了解各種公衛議題與社會需求，不僅擔任《台大醫訊》主編，為當時醫學院學生喉舌，提出改革意見，還舉辦關心社會勞工及殘障福利相關演講及專題。大四更擔任醫訊社社長，經歷台大醫訊事件及台大代聯會會長的普選事件，甚至差點被取消預官資格。

不僅積極參與系上活動與社會議題，蘇大成也多方擴展眼界。大一上台大法律系教授李鴻禧的憲法課程，學習到待人謙和及嚴謹治學的風範；大三、大四又去修台大社會系教授蕭新煌的研究所課程，從環境、經濟、發展社會學的研習中，令他更加了解跨國公司如何透過剝削與壓榨第三世界國家，進而控制與影響整個世界。

法律與社會學的扎實訓練，深深影響了蘇大成，促使他日後展開種種社會關懷行動。

有人可能會覺得疑惑，大三才認真回歸公衛領域，不是應該更專注本系學業，怎麼還有時間做這些「雜事」？甚至還去修其他科系，乃至研究所的課程。

「要關心社區，沒有兩把刷子怎麼做到？」蘇大成笑著說，彷彿把那種「多工」模式視為理所當然。

為社會服務比獲取高薪更重要

大四畢業後，蘇大成服預官役，下部隊後當醫官，負責開藥打針，「那個年代可以這樣，因為沒那麼多醫師，制度也沒那麼完善，我就跟學長學如何診斷開藥，或回家時請教父親，這讓我在短時間內對許多疾病與藥物變得更有概念。」

蘇大成的醫師夢，再度點燃。

退伍那年，蘇大成想考學士後醫學系，偏偏那年台大停招，只剩陽明大學、成功大學及高雄醫學大學三所學校的醫學系有開班。這樣一來，顯然無法跟隨父親和叔叔的腳步進入台大醫學系。不過，他沒有氣餒，利用服役期間準備考試，每個星期六回台北補習，終於考上成大學士後醫學系。

醫師夢成真，但他卻是很不一樣的醫師。

當年，成大醫學院創院院長黃崑巖是口試委員，他問蘇大成：「你期望你未來有多少薪水才滿意？」

「我如果能開福特，幹嘛要開賓士？」年輕的蘇大成傲骨不凡，期待的是為社會大眾服務，而不是以獲取高薪為目標。

沒想到，率真的回答竟獲得黃崑巖賞識，高分錄取。從台大到成大，蘇大成沒有感受到壓抑或拘束，反倒恣意揮灑，持續推動許多公共事務的變革。這一點，與師長樹立的風範不無關係。

> 醫學研究要有具體的方案留存，才能發揮社會影響力。

早年的醫院院務會議通常由各科室主管代表參加，住院醫師無權參與，但時任成大醫學院院長黃國恩卻首開先例，允許住院醫師派代表參加，還可在會議上提案。

於是，時任住院醫師聯誼會會長的蘇大成，不僅每個月出席院務會議，還積極在院務會議上提案，為大眾爭取權益。

例如，他調查發現，每位醫師及藥劑師、醫檢師等技術人員，一年有一千兩百元預算，至少可做兩件工作服，但當時卻只有一件工作服穿整年，於是他在院務會議上提案，經院務會議一致通過，從此人人每年有兩件工作服可替換。

找對方法，不必非要體制外革命

擔任成大醫院住院醫師代表五、六個月，蘇大成提了十多個案子，有生活面的、有針對員工因公受傷案的因應措施，也有重大到影響日後難以計數的醫院工作者權益案——將住院醫師及其他醫事人員納入銓敘。

一九九三年，蘇大成發起全院爭取銓敘運動。當時，在國立大學附設醫院底下工作，除了會計與人事部門有基本保障，醫師、醫檢師、藥劑師等醫事人員及行政人員即使取得公職考試及格，因為未納入銓敘系統，若日後轉任衛生行政系統，資歷無法累算，職等、年資、福利都缺乏保障，甚至沒有退休金。

「這不合理！」蘇大成在一九九三年五月十四日，與員工代表四十人，包括了住院醫師聯誼會福利委員代表賴清德醫師，搭乘遊覽車北上，到立法院為「教育部所屬教學醫院員工爭取銓敘案」開公聽會並遞交陳情書。

整段公聽會過程，在立法院、輿論界引起廣泛討論。在立委蘇煥智持續努力推動下，兩年之後，《教育人員任用條例》增修條文通過。

「我從這個案子學到，很多事情可以從體制內改革，只要找對人、用對方法就能解決，不一定非要走體制外革命，」成大這段經歷，讓蘇大成體悟甚深。

實現更大的理想

時至今日，可能沒有多少人知道，眼下「理所當然」的權利與福利，是當年蘇大成率眾爭取而來的。但對蘇大成來說，他關注的是如何實現更大的理想。

拉高觀察角度

相較於單純的醫師背景出身，蘇大成更傾向從公共衛生的角度來檢視疾病，所以總是不斷探問環境汙染對心血管健康的影響。他持續展開系列研究，發現都會區的空汙及PM2.5中的重金屬，會提升罹患心肌梗塞跟腦中風的機率，喚醒大眾對改善空汙的重視。

一九九三年，他到台大擔任心臟科訓練醫師，投入時任台大醫院內科部主任李源德主持，自一九九〇年開始的「金山社區心臟血管疾病社區研究」，跟簡國龍（現為台大公衛學院流行病學與預防醫學研究所教授）負責帶年輕後輩。

一整個暑假四十二天，他們幾乎天天待在金山社區投入研究，每兩年追蹤三千六百位居民。蘇大成回憶起當時的場景，「天天開

解決隱藏的問題

蘇大成在偶然間產生好奇，想了解焚香對於空氣品質會造成何種影響，於是到龍山寺、行天宮實地量測，發現行天宮禁香一年後的PM2.5和龍山寺差距達八十八倍，引起社會各界重視，進而促使龍山寺改變兩百八十一年的燃香傳統。

著我唯一可用的馬自達六二六轎車上山下海，到處廣播請社區鄉親去做檢查。」每年暑假，總會有一批台大及中山醫學大學醫學系學生，跟著他和其他心臟科老師學做心電圖、心血管超音波、頸動脈超音波檢查，以及認識各種疾病。

從一九九〇年到二〇〇二年，這個為期十三年的大型研究，為台灣學界建立起很重要的社區研究典範，產出一百多篇論文，帶出近十個博士、十多個碩士，而蘇大成、簡國龍撰寫的「金山社區心血管疾病世代研究」系列論文，至今仍是心臟流行病學領域經常被引用的經典研究。

以專業讓社會更美好

一邊在心臟內科看診，一邊在台大職業醫學工業研究所念博士班，同時還去中油與台積電等企業做研究，蘇大成逐步將學術研究與社會關懷融合為一。

在這樣的基礎上，他得出兩大結論：第一，工作壓力大，血壓也會隨之增高；第二，在十二小時輪班制下，夜班工作會延遲一個人的血壓與心跳恢復，心臟較無法應對外來的變化刺激，容易發生心血管事件。

二〇〇六年至二〇〇八年，蘇大成針對八百八十六位十二歲至三十一歲的年輕人進行世代研究，目的是要追蹤兒童青少年時期血壓較高者，日後是否會留下健康上的後遺症。

結果發現，環境荷爾蒙（塑化劑、全氟碳化合物，雙氛A及重金屬）與心臟血管生物標記相關，包括：內皮細胞功能、氧化壓力、頸動脈內中皮層厚度，也與代謝及內分泌因子有關。前後十年間，他發表近三十篇重要論文，成功為環境心臟學領域的研究奠定重要基礎。

二〇一四年，蘇大成發表論文〈工作時間過長會明顯增加急性冠心症發病之風險〉，證實若每週工作超過六十小時，且睡眠時間少於六小時，罹患急性冠心症的風險將大幅增加。後來，這項科學論證更促成了勞委會於二〇一六年正式將每週工時縮減至四十小時，改善無數勞工健康與生活。

從公衛角度思考疾病影響

相較於單純的醫師背景出身，蘇大成自認，他看待疾病的角度，會更傾向從公共衛生的角度切入，所以總是不斷探問環境汙染對心血管健康的影響。

蘇大成持續展開系列研究，二〇一五年在舉世關注中國大陸霧霾的天空時，和台大公衛學院教授詹長權召開研究成果記者會，發現在台北市的中年工作者，長期暴露在細懸浮微粒的黑炭或氮氧化物之中，會增加早期動脈硬化的發生機率。

二〇二二年的記者會則發現，都會區的空汙及PM2.5中的重金屬，會明顯增加青少年及年輕成人的頸動脈中內皮層的厚度，「厚度增加代表未來心肌梗塞跟腦中風機率都會提升，」蘇大成提醒。

這一系列的本土研究，為「空氣汙染與心血管健康」的研究做了重要的注解。

不僅如此，蘇大成還有一個影響全台的重大研究，牽動兩百八十一年的歷史傳統。

> 想要有成就，得去思考自己付出了多少。

二〇一二年至二〇一三年間，蘇大成因母親重病，常去龍山寺上香拜拜，發現香爐內插了幾千支香，雲霧繚繞，爐內滿溢出來的燻香發燙到無法接近；反觀台北市另一個知名信仰中心——行天宮，早在二〇一四年便已經禁止焚香。

蘇大成好奇，焚香對於空氣品質會造成什麼不同影響？他於是帶著助理到龍山寺、行天宮實地量測，在每個香爐旁站五分鐘，發現禁香一年後，行天宮的PM2.5僅有16 ppm，龍山寺則高達1,360 ppm，差距達八十八倍。二〇一五年五月二十四日，蘇大成在中華民國心臟學會年會上報告這份監測數值，隔天登上報紙頭條，引起社會各界重視。

台北市政府民政局也高度關切，希望龍山寺能有所回應；龍山寺董事長擲筊請示神明，決定將香爐從七座減成三座，後因成效有限，又在二〇一七年六月十六日舉辦封爐儀式，僅存一個觀音爐。

二〇一九年，龍山寺決定禁燃蠟燭；二〇二〇年三月十三日，龍山寺董事會進一步決定停止供香措施，兩百八十一年的燃香傳統畫上句號。從此，龍山寺的空氣變得清新淡雅，現在龍山寺禮佛時是陣陣蘭花撲鼻香。

這樣的改變很巨大，但蘇大成鄭重地說：「科學研究無法改變生活習慣，我只是恭逢其時，正好民眾開始重視健康議題。」

期待以教育改善國土規劃

不只在都會區做環境汙染研究，蘇大成更走入森林，從都市森林化、居家庭園化、都會公園及居家綠化，積極尋找空氣淨化的更多解方。

二〇一三年始，蘇大成帶領台大森林醫學團隊，開始研究各種不同的自然環境與人類健康的關係，發現森林浴與短期旅遊有助於降低動脈硬化等心血管危險因子，同時可活化免疫功能，促成台灣森林醫學的論文一篇篇誕生，為高山森林旅遊的健康與安全，提供最重要的生活醫學指引。

這兩年，蘇大成開始進行台北都會區公園樹療的研究，了解樹木的芬多精如何降低空氣汙染，並促進居民心血管健康。

蘇大成語氣略顯激昂：「醫學研究要有具體的方案留存，才能發揮社會影響力。」所以，他決定回到大學開課，邀請土壤、昆蟲、動物、森林、園藝、大氣科學等十位不同領域的專家，自二〇二二年九月起，聯袂在台大校總區開通識課「森林醫學點線面」，喚起大家對森林大自然的重視。

「這是最後的實踐，」蘇大成認為，未來，全世界會走回農業經濟時代，因為「半導體無法餵飽你的肚子與營養健康，台灣終究要重新正視農業經濟，國土規劃、環境健康等議題，刻不容緩。」

撰文／林芝安．攝影／黃鼎翔．圖片提供／蘇大成

蘇大成：走入社會，才有辦法幫助更多人

年輕人要走出象牙塔、走入人群、走入社會，才有辦法幫助更多人，也唯有與跟自己不同的人接觸，才能學到不一樣的東西，拉高視野、累積人脈。

天下沒有白吃的午餐，要努力付出，讓自己具備實力。當你在享受很多權利或福利時，有沒有想過，這是過往有許多人前仆後繼努力，甚至是用血跟汗去爭取來的。想要有所成就，得去思考自己付出了多少。

不要去談能賺多少錢，只需要證明自己的能力，成為一個有價值的人，別人才會把你當人脈；有豐沛的人脈，又願意努力付出，不用擔心找不到工作和機會。

與人相處要以和為貴，才能成就你的志業。我最後的勉勵是：「既以為人，己愈有；既以與人，己愈多。」這是老子《道德經》對我們的啟示與指導，相信諸位也會心有戚戚焉。

對自己誠實

杜元坤 義大醫院院長

挑最重的擔子，走最難的路

嚴格的家庭教育鍛鍊出鋼鐵意志，
杜元坤不浪費每分每秒，
持續挑戰自我極限，
奔向每個需要他的地方。

在一場醫療科技展，義大醫院院長杜元坤發表「自體膝軟骨細胞層片移植治療」技術成果，這是治療膝關節軟骨缺損的最新方法。他的成功率百分之百，累積個案數達世界之最。

演講進入尾聲，杜元坤鏗鏘有力地對滿座民眾說：「醫療的本質在於讓人過更好的生活，軟骨再生就是如此，可以讓你恢復行動，而不是止痛而已。」

身為台灣顯微及臂神經叢手術權威，更登上芝加哥世界外科博物館的台灣十六位代表人物之一，在杜元坤身上看不到所謂外科大醫師的冷峻或高傲，反倒是一派輕鬆與謙遜。他臉上笑容洋溢，笑起來兩眼瞇成一條線，如果換下醫師白袍，就彷若隔壁叔伯。

開心做好每件事

杜元坤今年六十二歲，身形高大挺拔，像青春大男孩般活力充沛，攤開他的一週行程，會驚訝他的體力過人。

上週六在台北打橄欖球，週日飛澎湖義診；週一回到醫院開了二十多台刀，直到半夜；週二早上五點起床，六點查房看了四百多個病人；週三開了十九台刀，睡了三個多小時後起床；週四早上特別門診看了五十多個病人，接下來連續開六個會，包含兩個董事會議，下午四點半，不疾不徐，準時在院長室接受訪談。

他興致勃勃帶我們參觀辦公室內的休息室，這是他每天過夜的院中之家，然後展示各種雕像獎章、說起櫥櫃裡橄欖球衣帽的故事。他行走如風、立如松，終於坐下來談話時，身形也直挺如鐘。

比別人更努力

杜元坤（中）從三歲開始學習小提琴，在父母刻意的栽培下，他每天到老師家練琴，持續不懈。他不僅磨練出堅韌的意志，也擁有一生的嗜好。

除了身形明顯消瘦，從壯碩體型變成瘦高模樣，忙了一整天的杜元坤精神依然飽滿，難以想像兩、三年前，曾經歷兩次大病。

眾人不免驚愕：「為何院長如此繁忙，氣色仍然這麼好？」

杜元坤笑咪咪地給了一個意料之外的答案：「因為我做任何事

都高高興興地做。」

不過，年少時的杜元坤並非如此，在斯巴達教育中長大的他，心中隱隱有一股不平之氣。

想贏只能更努力

父親杜振仁自幼家貧，但天資聰穎，念高二時因為打架被退學，他用同等學力考上台大法律系；大三時跟老師發生衝突，即將被學校退學之際，他又用同等學力考上司法人員與律師。

這樣能幹的父親，經常對杜元坤說：「你沒比別人強，憑什麼贏人家？你只能更努力。」

杜元坤從小就既聰明又努力，考試得第一，學琴近乎神童，然而，他卻得領受父親鋼鐵般的磨練，接受和弟弟、妹妹完全不同的管教方式。

他三歲開始學小提琴，每天必須去老師家練琴，否則不能吃飯，但弟弟、妹妹只需要一週上課一次。

他念公立學校，自己走路上學，弟弟、妹妹念私立學校，上學還有專車接送。因為心裡不平衡，看到載弟弟、妹妹的轎車，他經常忍不住去踢幾下輪胎，暗暗洩憤。

杜振仁是執業律師，經濟條件改善後把手足接來，一大家子同住，吃飯得分三輪，第一輪長輩吃，第二輪換堂兄弟姊妹們，最後一輪才是杜元坤和弟弟、妹妹吃，然後，由杜元坤獨自清洗所有人的碗筷。

每天下午三、四點，附近家裡經濟不好的孩子，紛紛來到杜家門前晃蕩。杜元坤的母親會招呼他們進門，幫他們洗澡、煮飯給他們吃，這時，從學校回來的杜元坤飢腸轆轆，也只能等這些孩子吃完，才輪到他。

杜元坤不服氣，質疑母親為什麼這麼做。母親說：「對別人好，就要給他們尊嚴，否則那些孩子會以為他們是吃我們剩下的食物，這樣不尊重。」

化不平之氣為活力

飽受磨練的杜元坤（右三），天資聰穎學習快，因此將大多數時間都拿來發洩心中的不平之氣。他練柔道、拉琴、組熱舞社，上大學後更加入橄欖球隊，樣樣玩、樣樣精采。

不知多少次，他在心裡吶喊：「我到底是不是撿來的孩子？」

直到父親過世前，杜元坤才找到答案。

把挫折當生命的燃料

杜元坤父親晚年臥床，已經在醫界站穩腳跟的他，經常抽空南下，陪在病榻。有一天，父親望著窗外說：「這可能是我們父子今生最後一次看夕陽。」

杜元坤安慰父親，說他的日子還很長。

「你們醫師跟律師一樣，都喜歡說謊，」律師父親直言。

「這也是善意的謊言啦，」杜元坤回答。

> 別人不做的我就做，別人不讓我做的，
> 我更要去做，而且樂在其中。

「那麼，你知道什麼叫善意的磨練嗎？」父親接下來的話，讓他莫名震撼：「我對你特別嚴格，是因為有錢人家得有一個能吃苦的孩子，如果你是公子哥兒，這個家就會敗落。我把你磨練成弟弟、妹妹的榜樣，才能放心把這個家交給你。未來，你要承擔起來。」

頓時，杜元坤恍然大悟，原來父親用心良苦，也終於明白，他在父親心中有多麼重要。

父親晚年的律師事業幾乎停擺，手中的七、八家公司也都虧損。他過世後，杜元坤才知道，家裡負債高達九千萬元。身為長子，他毅然挑起重擔，獨自償還債務。

回看人生，少年時的種種不平，對杜元坤來說，反而是催動他生命活力的燃料與養分。

杜元坤念書不費力，大多時間都用來「自我發洩」。他是孩子王，經常帶同學翻牆蹺課、抽菸搞怪，不會游泳也敢跳水救人，因為想做化學實驗差點炸毀同學的家；他打球、練柔道、拉琴、組熱舞社及管弦樂社，樣樣玩、樣樣精采。

如今，杜元坤有過目不忘的本事，照顧過的幾千個病人，名字、長相、診斷病歷、手術情景，記得清清楚楚，即使數年後路上相見仍說得出來。這種不凡的記憶力，他歸功於兒時學的速讀、心算，讓他建立圖像式記憶的能力，可以用眼睛拍照存進大腦。

確定目標便勇往直前

大六升大七時，杜元坤在馬偕醫院當實習醫師，突然遭逢家變，父母親創辦黨外雜誌遭到調查，雙雙被監禁。杜元坤原本打算留在北部醫學中心，此時為了照顧家裡，只好回台南逢甲醫院（奇美醫院前身）當住院醫師。

一年後，父母的精神狀況慢慢穩定，弟弟、妹妹也能安排自己的生活，他才返回北部，重新開始。

杜元坤知道，自己的戰場在醫學中心。如願考上林口長庚醫院後，他不惜從住院醫師第一年做起、拿著只有奇美醫院三分之一的薪資。

決定了就往前衝，杜元坤有一種深入靈魂的責任感，以及活得通透而帶來的颯爽性格。對自己如此，對病人也同樣充滿俠義襄助之情。

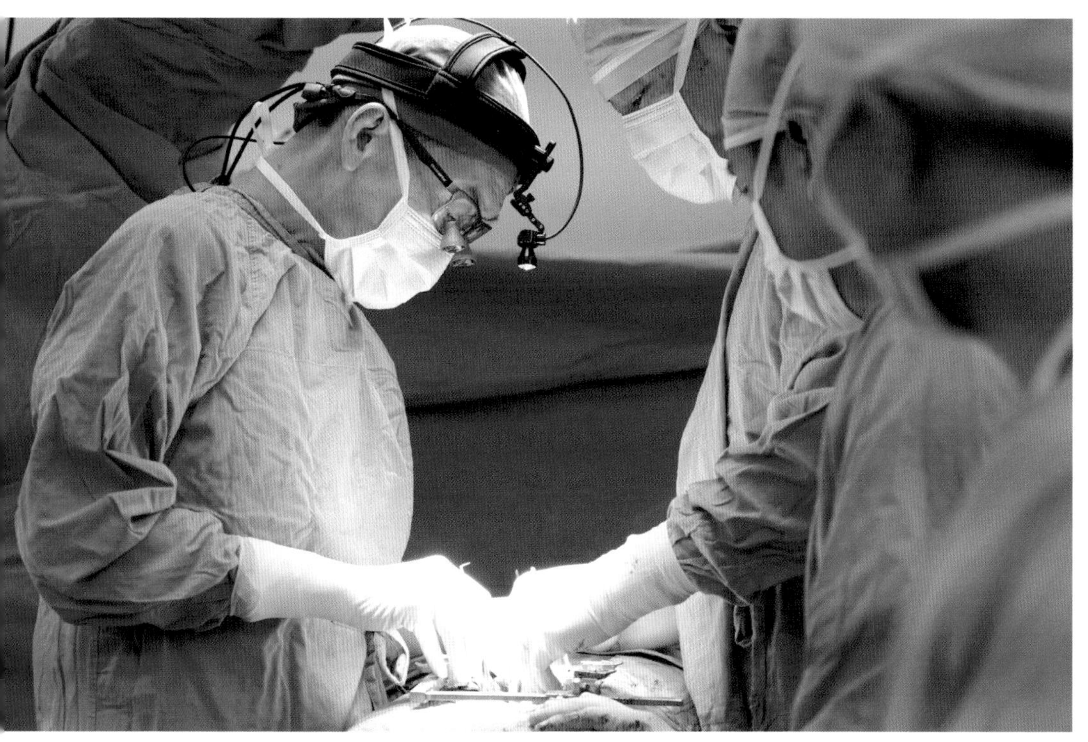

刻意練習

為了救治病人，杜元坤（左）不把自己局限在骨科。他瘋狂投入研究各種最新的治療方式，不論整形外科、神經外科或一般外科，永遠挑戰最艱難的刀。如今，他成為享譽國際的神經顯微及臂神經叢重建手術權威。

在長庚骨科當上總醫師的第三天，杜元坤在急診室值班。這時，來了一位出車禍的年輕人，大腿骨折、血管斷裂，他將患者的骨頭固定後，隨即請整形外科醫師來接血管。沒想到，整形外科醫師說：「我們只接細的血管，大腿血管太粗，要找心臟外科。」他趕緊去找心臟外科，對方卻說：「我們做的是心臟的大手術，腿部手術請找整形外科吧。」

杜元坤無法放下病人不管，他苦思著能做點什麼。

憑著住院醫師前兩年到各科歷練，看過顯微手術的印象，他決定放手一搏，嘗試自己接血管，最後病人順利恢復。這事件，讓他驚覺，醫師如果只會一種本事，可能無法真正救人性命。

這個體悟，從此翻轉杜元坤的從醫之路。

天縱英才依然苦練實幹

在醫界，外科向來是師徒制，由老師手把手教導學生，而當時長庚骨科並沒有做顯微手術的前輩，藝高人膽大的杜元坤開始「自學」。

他訂購許多國外的教科書和錄影帶，投入大量時間研究。因為反覆播放，錄影帶磨損，還燒壞兩台倒帶機。

他在自家頂樓打造個人專屬的手術訓練中心。練習手術需要器械、儀器，整形外科不願意借，他自己掏腰包買；需要動物練手，他就自己養兔子、老鼠，老鼠最多時達六、七十隻。

這位學生時代在屋頂上練琴的「屋頂上的提琴手」，為了練好顯微手術，轉而變成「屋頂上的開刀手」。

為了救治病人，杜元坤不把自己局限在骨科。他瘋狂投入各種最新的治療方式，不論整形外科、神經外科或一般外科，永遠挑戰最艱難的刀，「別人不做的我就做，別人不讓我做的，我更要去做，而且樂在其中。」

如今，他成為享譽國際的神經顯微及臂神經叢重建手術權威，受邀到全球五大洲、二十七個國家示範教學兩百多台手術。

展現魔術級的醫術

二〇〇〇年，杜元坤到新加坡國立大學附設醫院（National University Hospital）一個月，是台灣首位受邀的外科醫師。他上午演講、下午做手術，最後一天，還在歐亞顯微外科醫學會進行示範手術。

病人是九個月大的嬰孩，先天畸形，一隻手沒有手指，手上連移植所需要的血管、神經、肌腱都沒有。杜元坤打算先從嬰孩右小腿取出一段血管、從左小腿取出神經與肌腱，然後將嬰孩的腳趾移植到手上。

這場手術吸引上百位醫師觀摩，主持人是英國骨科教授，他一翻閱病人資料就直接宣布：「大家可以回去了。這個病例太難，就算會變魔術，也不能扭轉乾坤。」

杜元坤立刻拿起麥克風打斷主持人：「如果現在離開，你們將錯過歷史性的一刻。請給我機會，我讓大家看看什麼是魔術級的醫術。」

手術連續進行七個多小時，杜元坤不曾喝水或進食，全程戴著耳掛式麥克風，邊開刀、邊解說並回答與會專家的提問。最後，手術成功。當杜元坤踏入觀摩室，兩百多位來自各國的外科醫師起立鼓掌，主持人也為之前的不當發言致歉。

跟自己比

中年後的杜元坤不再跟別人比，他往內探索，只跟自己比。覺察自己的不足，他回到學校念書，補強學術研究經驗，並且積極投入離島醫療，成為候鳥醫師。

在皮瓣移植顯微手術、脊椎重建手術等領域，杜元坤自學自創二十五種「杜氏刀法」。其中一種術式，是杜元坤幫罹患糖尿病父親進行的皮瓣手術，將左大腿的血管接到右大腿的膝蓋，再從膝蓋接到腳。

這術式，之後在美國知名的梅約醫學中心發揚光大，被稱為「梅約術式」。而「三重多功能神經肌肉移植」這種術式，則讓義大醫院成為全球唯一可以執行這種手術的醫學重鎮，吸引不少國外主任級名醫前往學習。

在成大領會真正的學者風範

年少時，杜元坤跟他人比；中年後，他往內走，只跟自己比。

離開長庚醫院，到義大醫院擔任副院長時，杜元坤已經是副教授，發表過許多篇受SCI（科學引文索引）高評價的優質論文，但他卻報考成大醫學工程研究所博士班，因為他察覺到自己的論文集在臨床病例追蹤，缺乏基礎研究，「我根本沒有受過嚴謹的學術研究經驗。」

杜元坤想結合工程、醫學與電腦資訊，因此即使成大醫工所隸屬工學院，他也不畏艱難，棄醫學院改念工學院。他跟著張冠諒、張志涵兩位教授學習，收穫遠超乎想像。

自小就有點「臭屁」的杜元坤，上課時趁老師還沒到，經常跳上講台跟同學說「我來教」，然後講得口沫橫飛。有一次，講到一半發現「掰」不下去，赫然發現張冠諒坐在教室後面。此時，老師不僅沒有指正他，還幫忙打圓場。

「老師說，副院長講的有道理，我們從這裡來延伸……」杜元坤印象深刻，老師不會說哪裡不對，而是用引導方式教學，「這是真正的學者。」

這期間，杜元坤發表了三十多篇高評價的國際學術論文，但老師清楚表示，如果實驗是在義大醫院做的，不要掛他們的名字。其中一篇針對「頸椎神經轉移重建臂神經叢」的研究，在全球相同主題的七百多篇論文中，是唯一被國際顯微外科認可，認為是證據最

分秒不空過

義大醫院院長休息室裡放著一張單人床，長度還不及杜元坤的身高，但他一年有三百六十四天睡在這張床上。杜元坤不回家，也不允許自己睡太久，因為病人、學生都在等著他。

完整、前瞻性最高的論文，也是經過杜元坤百般說服「我的統計分析是跟老師學的」，老師才願意放上自己的名字。

杜元坤從當上主治醫師開始，每個月捐出一半薪水行善，三十年來捐款超過一億元。就讀成大期間，他打算捐一千萬元當學術研究經費，卻被老師拒絕。

而且，老師對他說，等他畢業了才讓他捐錢，至於要不要畢業，隨便他。

不收學生捐款、不掛名學生論文，這樣的風範，讓杜元坤忍不住豎起大拇指說：「成大醫工所，有格調。」

> 我幫病人治療他的身，但病人帶我回到當醫師的初心。

對老師最好的回報，就是把風範傳承下去。

杜元坤也對學生耳提面命：「我沒參與的研究不要掛我的名字，即使我提供贊助或是在我的實驗室進行，都一樣。」

朝有需要的地方飛奔

擔任義大院長後，杜元坤帶領同仁援助醫療弱勢地區，包括：組隊義診、代訓醫師，被帛琉媒體譽為「上帝派來的天使」，台灣媒體則稱他「守護澎湖十萬人的離島狂醫」。

醫者仁心

擔任義大院長後，杜元坤帶領同仁援助醫療弱勢地區，包括：組隊義診、代訓醫師。自聽聞澎湖病患到高雄就醫須歷經舟車勞頓，他主動前往駐點，至今仍維持每個月飛往澎湖義診兩至三次，曾創下三天在澎湖九座小島看診的瘋狂紀錄。

故事的起源，是有一年，「十元便當阿嬤」莊朱玉找杜元坤開刀。阿嬤提供十元吃到飽的自助餐、提供家中倉庫住宿，照顧來自澎湖的碼頭工人。從她口中，杜元坤才知道，澎湖人到高雄看病的路途勞頓。

「既然他們過來這麼辛苦，不如我飛過去吧，」哪裡有需要就往哪裡奔，熱血的杜元坤從此成了「候鳥醫師」。

從不定期義診到每個月駐點服務，杜元坤不忍心限號，每次一去，看診病人量可達一百五十多位，連在高雄掛不到號的民眾也搭機去澎湖看診。從二〇〇五年至今，杜元坤維持每個月飛往澎湖義診兩至三次，曾創下三天在澎湖九座小島看診的瘋狂紀錄。

目前，杜元坤正挑戰神經再生領域，尤其是神經繞道術，帶著學生日夜投入實驗，分秒不空過，「這是我不回家的原因。我不能休息，還有很多該救卻還沒被救到的病人。」

杜元坤一年只在除夕這一天回家，三百六十四天，天天睡在院長休息室。休息室裡放著一張單人床，床的長度不及杜元坤的身高，他的腳總有部分懸空，因此躺下三、四小時就會醒來，然後走出房外，坐上辦公桌工作。他說：「睡得太早，我對不起病人；睡得太晚，我對不起學生。」

「我幫病人治療他的身，但病人帶我回到當醫師的初心，」杜元坤說出自己樂在工作的原因。

辦公室牆上掛著一座時鐘，指針永遠停留在凌晨12點46分，這是杜元坤完成人生第一台顯微手術的時間，藉此提醒自己，永不忘初心。

撰文／林芝安．攝影／黃鼎翔．圖片提供／杜元坤

杜元坤：把挫折看成試金石

在學時要涉獵各種知識，不要局限在自己的科系；廣交益友，不要窩在同溫層，去跟不同科系的同學往來，學習他們的長處。

進入職場，要專業盡責，選擇難走的那條路，把荊棘之路走成康莊大道。有一天，當你擁有地位，要永遠懷有夢想：寧可「無」，不要「有」。

人類追尋的自我有兩個層次，「不成功」的人追求有錢、有車、有房、有權；「真正成功」的人則追求無病、無痛、無私、無害。你要從「有」追求「無」。

樹立典範，將來才有故事可以傳述給下一代，你曾經那樣仰不愧於天、俯不怍於人。但是要立下典範，就要捨得。就像攀岩，左手、右手要交替往上攀爬，不放掉一隻手便無論如何爬不上去。

遇到挫折，就當成人生的養分。

我把挫折看成試金石，是上天在考驗我是否對自己誠實。當初立下的志願，如果遇到挫折就半途而廢，或是找藉口離開，那是在欺騙自己。

真正的誠實，是相信自己在做對的事情，如果你連自己都不相信，沒有誠實可言。世界上最容易打敗和最難打敗的，都是自己。

陳其宏 佳世達董事長

凡意志所到之處，必然有路

意志與視野，成就格局。
在清苦農家長大的陳其宏相信，
憑藉個人的努力，可以決定自己想成為的樣貌，
而發揮互惠的精神，就能實現更多人的共贏願景。

在國內科技產業界，佳世達集團董事長陳其宏最為人津津樂道的成就之一，就是他以不到三任董事會、九年的時間，就讓佳世達營收翻倍、獲利增加五倍，不僅帶領佳世達維持全球前二大顯示器廠商的領先地位，更透過投資併購，轉型成為橫跨資訊、網通、醫療與智慧解決方案的全球科技集團。

當大家好奇他的成功關鍵時，他總是說：「我不相信命運，更

相信自己的力量

從小看著父母辛苦務農承受日曬雨淋，卻難敵一次颱風侵襲，便可能讓努力付之一炬。陳其宏（三排右一）不斷告訴自己：「一定要想辦法把命運掌握在自己手裡。」

不想靠天吃飯，我靠自己的努力決定自己的命運。」

這股堅毅的精神，其實從小養成。

挖竹筍的少年

陳其宏出生在台南的偏鄉臭頭崎，在他少年時，村子裡只有十幾戶人家。家裡務農為生，種稻、種番薯、種果樹，但是田地離得遠，至少得走上半小時到一小時，他的父母總是天沒亮就出門，天色暗了才回來。

農家孩子從小就得幫忙家務，餵雞鴨、去草坡上牽羊和牛回家，而這些也都是陳其宏放學後的基本動作。夏季白天長，做完這些雜事還有時間，他就去割番薯葉回家當豬飼料。九歲那年，他甚至開始墊腳尖上灶台，為自己和遲歸的父母做晚餐。

有時夜裡十二點，他又跟著父母到山上挖竹筍。收穫最多的時候，一次可以挖到一千七百多斤，然後三個人來來回回將竹筍挑出竹林，又疲累、又開心地在路邊等商販來收貨。

「可能大家不太相信，但是只要看我的小腿，就都相信了，」陳其宏豪爽地拉起褲管，秀出驚人的結實小腿肚：「這就是挖筍子挖出來的！」

生活不易，但一家人不怕辛苦，只怕老天爺不肯賞飯吃。

每當颱風來襲，風雨不斷，陳其宏的母親就會開始祈求：「天公伯別再下雨了，給我們一口飯吃。」年幼的陳其宏常常看見這種場景，母親的無奈眼神深刻在他心裡。

「明明沒有比別人不努力，為什麼生活卻充滿無力感？」陳其宏告訴自己：「一定要想辦法把命運掌握在自己手裡。」

把改變的權利握在手心

對許多貧農子弟來說，讀書是改變命運的最好路徑。陳其宏也很早就認知到這一點，並且為此奮戰著。

陳其宏念的小學，離家裡一個小時的路程。他每天走路上下學，途中經過山林與溪流。夏天時，若是遇上大雷雨，常常回不了家，因為山洪爆發、溪水奔流，很容易將人沖走。

到了國中，學校在新化鎮上，路途就更遠了，必須搭客運才到得了。冬天天色暗得快，他上完輔導課便要趕搭最後一班車回村子；下車時，等待他的，是昏天暗地的黑。他從書包拿出手電筒，聽著風吹葉梢的窸窸窣窣聲，努力壓抑腦海中浮起的詭異想像，頭也不回地穿過老林場，快步奔回家。

即使如此，陳其宏在小學時，始終保持全班第一名，國中從鄉下到城市就讀，發現了天地之大、人才濟濟，雖然無法再維持那樣的好成績，他也不曾放棄，努力考上台南一中。

陳其宏有五個兄弟姊妹，他排行老么，兩個哥哥念高工建教班，兩個姊姊小學畢業就到紡織廠當女工。唯有他，同時考上五專、高工、警官學校，仍堅持要念高中、升大學，「我想掙脫，想走不一樣的路，想靠自己的努力來決定自己未來的樣子。」

台南一中是中南部的菁英高中，入學後，陳其宏更是埋首苦讀。他的文科表現不錯，若到社會組將如魚得水。不過，在最後的抉擇時刻，他決定放棄社會組，選讀自然組。

為此，愛才的文科老師忍不住責備他。陳其宏內心不捨，卻也想得深遠：「我爸媽那麼辛苦讓我來念高中，我必須走一條比較有發展性的路。」

儘管還是高中生，但他已經看見，在那個台灣科技製造業起飛的年代，電機相關人才十分搶手，自己應該跟著趨勢走。

雖然是「為五斗米折腰」，陳其宏仍然要求自己做什麼就得像

放伴精神

農家之間，每逢插秧或收割等重要時刻，總會彼此互相幫忙。這種互助合作的精神，讓每個家庭即使忙碌拮据，總能按時節順利完成農務。陳其宏也將這種精神運用在職場。

什麼，他努力加強成績一向平平的數理科目，終於考上成功大學電機系。

做什麼就要像什麼

大一開學沒幾天，上體育課，體育老師問學生：有沒有人要當家教？「我第一個就舉手，毫不遲疑，」陳其宏說。他自此展開自力更生的日子，一週三天，騎著腳踏車奔馳在台南三個鄉鎮當家教，如果遇見家境清苦的孩子，則免費教他們念書，希望幫助這些跟他一樣有心向學的孩子脫離困境。

> 我想掙脫，想走不一樣的路，想靠自己的努力來決定自己未來的樣子。

陳其宏自謙功課不好，經常瀕臨被當的危機。但是，他做紀錄的功夫，頗受師長肯定。

當時他的導師是時任成大電機系教授毛齊武，每次導師時間，他都指派陳其宏負責做會議紀錄。因為導師一講完話，陳其宏就幾乎同一時間在紀錄紙上劃下句號，當場交出重點清晰、條理分明的紀錄。這個任務如果交給其他同學，可能得花兩、三天時間才能整理出來，還不一定比他的清楚。

能夠快速整理出談話重點，背後代表的是，強大的邏輯、分析與歸納能力。後來，這項功夫也成為他重要的工作能力，幫助他快速掌握重點，並且釐清思緒、精準溝通。

努力，才能比別人更早出線

一九八五年，陳其宏從成大畢業，緊接著便去服兵役。就在他下部隊到花東山裡進行旅對抗、師對抗時，收到十幾封面試通知。

一個剛畢業的年輕人，居然行情那麼好？

「證明成大這塊招牌很有用，」陳其宏笑說，他後來報考了當時熱門的東元，也順利入職，「因為那裡有個堅實的成大幫，大家都相信成大是品質保證。」

在東元任職期間，陳其宏除了不斷精進專業技術，更努力進修英文能力，於是他進公司不久，就經常跟著主管拜訪國外重要客戶、參與國際專案，即使資歷尚淺，主管要他上場簡報，他也從不推辭。

「看似胸有成竹，私底下卻是每天挑燈苦讀所有資料，」陳其宏直言。

在這段努力的過程中，陳其宏也磨練出對市場的敏感度，以及對夥伴關係的掌握。因為經常見客戶，雙方談設計，也談價錢、規格、成本……，一來一往交換想法，陳其宏更了解市場需求，他的一個建議也能幫客戶提高不少利潤。他說：「這是你好我也好。我幫他成功，我們的業務也可以愈做愈大。」

短短兩、三年，陳其宏就成為東元最年輕的研發主管。這時，他卻做出令人驚訝的決定——離開東元，加入明碁電腦。

永遠跑第一棒的人

某方面來說，陳其宏有十分濃烈的研究精神，在工作歷程中總是不斷設定命題，並尋求解答。

當時，東元積極發展電腦資訊產業，一度成立東元資訊，開發

追求卓越

在東元任職期間，陳其宏除了不斷精進專業技術，更努力進修英文能力，經常跟著主管拜訪國外重要客戶、參與國際專案，更從中磨練出對市場的敏感度，以及對夥伴關係的掌握。一九九一年，陳其宏以研發工程師的身分加入明基，一路擔任管理要職，更參與許多新產品的開發工作。

出全台灣第一台單色顯示器供給IBM。但是，之後在技術與市場，都不斷被其他企業超越，發展自有品牌也未能成功。陳其宏說：「我很想知道原因何在，因此決定轉職到宏碁集團旗下的明碁電腦（二〇〇〇年明碁電腦更名為明基電通，以下統稱明基）來找答案。」

一個週日下午，在明基擔任研發主管的學長，陪同他的老闆，約陳其宏在火車站見面。陳其宏剛好有事在外地，接到這個面試邀約，搭火車趕回來。沒想到，火車大誤點，延遲近一個小時。

當時還沒有手機，陳其宏心急卻無奈。一下火車，他就看到學長在出口等待，然後，遠遠地，時任明基總經理李焜耀在打公用電話。陳其宏又驚訝又沮喪，「我不知道學長口中的老闆就是K. Y.，我想，完蛋了，第一次見面就讓他等一個鐘頭。」

K. Y.是李焜耀的英文名字，同業、同事習慣這樣喊他。

雙方簡單找個餐廳坐下來，聊了兩、三個小時，相談甚歡。後來，陳其宏好奇地問李焜耀，當初為什麼決定用他，「他說，你是少見的研發工程師，卻還有市場敏銳度的。」

「K. Y.是我的伯樂，」陳其宏相當感念。

一九九一年，陳其宏進入明基擔任研發部主任，從此，他就被定位為「跑第一棒的人」，集團很多新產品線，包含現在的投影機、顯示器相關產品，都是由他開始打造。

「跑第一棒要有瞬間爆發力，還要不怕槍聲，也就是能夠快速掌握技術、把人管好，並且做出績效，」陳其宏認為。

在明基，陳其宏得到當初尋找的答案，也找到自己的定位，建立個人品牌。

「我的定位很清楚，就是幫企業創造新產品線、建立核心競爭力的人，老闆想開發產品第一個就會想到我，這就是我的競爭力，」他強調：「個人定位就像做品牌，每個人都必須知道要賦予

互惠多贏

二〇一四年，陳其宏（右六）接任股價與士氣皆低迷的佳世達，帶領團隊展開一連串促進價值升級與轉型的變革行動。他提出「聯合艦隊」策略，集合超過七十家來自不同領域的企業，公開共享資源，不僅讓佳世達華麗轉身，更陪伴台灣中小企業創新改革。圖為二〇一九年聯合十家企業參展合影。

自己什麼樣的品牌定位，而且每個人都要做出自己的差異化。」

身先士卒面對困局

陳其宏很享受聽著槍聲響起起跑的感覺，但能夠當三十多年的第一棒，有什麼祕訣？「愈是遇到困難，愈要身先士卒，而且找出解決之道，」他說。

早年帶領研發部門時，如果專案遇上瓶頸，交案日又即將到期，陳其宏的反應不是罵人、不是推諉，而是召集團隊，陪他們制定時程、工作計畫，為他們提出解決方法，然後按時確認進度與成果。他強調：「我跟同事說，今日事今日畢，做完就可以下班，沒有做完的，我陪你完成，甚至幫你買早餐都可以。」

面對困難，陳其宏有一個重要的心態——Where there is a will, there is a way.

英文諺語「Where there is a will, there is a way.」經常被翻譯成「有志者事竟成」，但是陳其宏喜歡自己的譯法，「凡意志力所到之處，必能找到一條路走」，那代表他的信念：「當你的意志堅決而且目標清楚，就會盡一切能力找到達成的方法。即使最後可能無法做到一百分，但是一定比放棄更好。」

佳世達的翻身之戰，也是其中一個例子。

二○○七年，明基啟動品牌與代工分家，明基經營品牌事業，佳世達主營電子代工事業，聚焦在液晶顯示器和投影機等產品技術。然而，長達六年時間，佳世達僅兩個年度小幅獲利，幾乎發不出股利和員工分紅，股價低迷、士氣低落。

李焜耀於是在二〇一四年請陳其宏來救火。新官上任，陳其宏給予所有人明確的願景、目標、策略、執行方法。

他訂出了「二〇二二年高附加價值事業營收過半」的願景，然後帶領團隊展開一連串促進價值升級與轉型的變革行動。

放伴精神的聯合艦隊

要達到目標，挑戰其實不小。陳其宏不只一次對媒體表示：「現在單靠賣硬體賺不了錢，一定要改變思維與突破，企業才能找到生路。」

他相信前面必然有路，也一定找得到方法。他觀察產業環境，發現光靠佳世達一家公司難以突破現實困境，於是開始向外尋找合作對象，親自說服、談判，提出「聯合艦隊」的策略。

> 跑第一棒要有瞬間爆發力，還要不怕槍聲，也就是能夠快速掌握技術、把人管好，並且做出績效。

這個艦隊的成員超過七十家企業，來自醫療、解決方案、網路通訊等不同產業。艦隊內的資源公開共享，缺錢就給資金、缺工就補人才；陳其宏更親自為企業把脈、上課，幫企業找到發展方向，再憑藉專業與經驗，傳授完整的經營作業流程與目標設定。

對於艦隊的運作，陳其宏喜歡用農家的「放伴」精神來形容。

他記得，小時候不管是插秧或收割，農家之間都會互相幫忙，今天某家缺人手做事，鄰居就會主動叫自家小孩去幫忙，改天換自家忙，對方也會安排人手過來。這種互助合作的精神，讓每個家庭即使忙碌拮据，都能按時節順利完成農務。

果真，這支大艦隊近年來聲勢驚人。

以醫療艦隊為例，佳世達投資不同型態企業，並結合雙方優勢專業，開創出新服務型態，例如：佳世達與大江生醫合作，運用佳世達的醫院通路與大數據技術共同發展精準醫療；此外，佳世達也

五斗米哲學

陳其宏的文科優異，連老師也惜才，後來選組卻念理工，踏入工程領域，他不諱言是為五斗米折腰，但他始終堅持，即使再困難也要把事情做好。

與正光連鎖藥局攜手，打造出結合VR（虛擬實境）視訊、電商，以及藥師、營養師與聽力師三師實體服務的智慧型藥局。

> 個人定位就像做品牌，每個人都必須知道要賦予自己什麼樣的品牌定位，做出自己的差異化。

在陳其宏的帶領下，聯合艦隊一步步陪著台灣中小企業創新改革，在全球經濟不景氣中突圍成長，不僅讓佳世達華麗轉身，一舉站上「兩千億（元）集團」的位置，更為台灣民眾提供更優質的生活服務，擴大產業發展綜效，陳其宏也被稱為「聯合艦隊隊長」。

讓每個人都贏

陳其宏在二〇二〇年擔任成大台北校友會理事長時，也用艦隊平台的方式，幫助母校成長。

成大長期以來為台灣培養許多人才，卻非常低調。「成大不能永遠這樣，我們必須改變，」陳其宏相信，如果可以得到更多校友的幫助，就能成就一個世界級的成大。

一般的校友會運作，都是直接向校友募款，再將這筆款項交給學校運用。這麼做，沒多久，募款的人、捐款的人都會疲乏。

「何必這麼累？」陳其宏結合校友的力量，成立四個「鳳凰基金」做為推動平台。

這個平台是資金來源。目前四個基金，例如：台北校友會的「成大鳳凰基金」、開放給竹科成大人的「竹科校友鳳凰基金」等。基金由校友投資、校友操盤，每年將獲利的一五%捐給學校、一〇%給操盤團隊、七五%回歸投資人，基金十年一期，十年後退還

有企圖心就有方法

從一個努力扭轉命運的農家少年，到帶領成千上萬人前進未來的領導者，陳其宏相信，只要方法用對、企圖心夠，必然可以突破困難。

本金。光是二〇二二年，前兩個基金就捐給成大近四千萬元。

「有誰是輸家？」陳其宏說：「沒有，每個人都贏。」

運用這個平台，陳其宏也整合校友經驗及人脈，協助學校推動重點發展。譬如，輔導新創。成大有不少新創團隊在四處尋找資金，校友會就組織委員會來審核，並且提供資金及營運經驗；不少成大的企業家校友在尋找新的主題、新的團隊，也可以透過這個平台媒合。

二〇二二年五月，陳其宏擔任成大全球校友總會第一屆理事長，更是運用這些平台，串聯全世界的校友、成大產業界領導者，舉辦論壇，並且針對國際社會關注的議題，如：氣候變遷、SDGs、AI、5G、高齡社會等，傳承跨世代、跨國界的經驗。

從一個努力突破命運束縛的農家少年，到帶領成千上萬人前進未來的領導者，陳其宏說起過往的種種挑戰與努力，有時爽朗風趣，偶爾沉靜不語，但是神情中永遠流露一股意志：「我相信，只要方法用對、企圖心夠，必然可以做到。」

撰文／王曉晴．攝影／黃鼎翔．圖片提供／佳世達

陳其宏：了解自己，做出差異化

過去幾年，很多人對台灣的影像顯示產業感到憂心，不乏有人形容它是「夕陽慘業」。

我相信不會。未來，螢幕依舊會是人機互動的必要介面，差別只是產品典範會轉移，技術會不斷進步、互相取代，進而開展出不同的行業。

從這個角度看，顯示器產業正處於快速變動的時代，充滿無限發展可能，所以，年輕人一定要具備可以因應變化不斷革新的能力，同時要有膽識展現自我、找出適合自己的定位。

此外，我建議年輕人，慎選自己的職場起手式，若想做研發，就要好好奮戰三、五年，做不同的開發來累積經驗，立下「to be somebody」的目標，同時做出個人品牌差異化。在專業技術之外，還要有市場觀察、系統管理、團隊組織等能力，才能建立更受人青睞的個人品牌。

現在是個艱困的時代，但我始終如一的座右銘是：無論遇到什麼困難，做什麼要像什麼，就算你做這份工作是為了五斗米折腰，也要讓自己把事情做到好，至少在某個領域累積一定程度的專業。我相信，你若有這種定著的態度，一定能夠成為某號人物。

忠於自我

陳樂融 多元創意家

大膽創作自己的人生曲目

不被單一標籤或產業束縛，
陳樂融勇於活出自我，
開創獨特的跨界人生。

出格跨界

完成艱苦的成大土木系學業，陳樂融轉戰新的人生舞台，進入飛碟唱片擔任企劃，開啟他在流行樂壇的黃金十年，企劃包裝過數百位知名歌手與藝人，也發表了數百首膾炙人口的詞作。

父親是軍官、母親是銀行職員，陳樂融成長於小康家庭，從幼兒園到高中都就讀被稱為貴族學校的台北市私立再興學校。

陳樂融的父母並未刻意栽培他，也採取低管制的教育方式，但是家中藏書豐富、訂閱雜誌也多，因此陳樂融識字得早，小學一年級得到看圖說故事比賽冠軍，四年級時罕見地以中年級入選《國語日報》每月小作家第三名。甚至，他還曾參加那個年代知名的《五燈獎》比賽。

面對早熟的自己

求學時期一路順遂，是各式獎項常勝軍，在注重語文教育的學校更是風雲人物。陳樂融自我回顧，在國中前屬於很聽話的小孩。他與妹妹相差九歲，加上父母親忙於工作，因此童年有大量的獨處時光，「我在精神上的獨立是從小淬鍊，獨處塑造我的性格。」

他回憶：「我是個不害怕跟大人打交道的小孩，但這樣其實是想迎合社會體制，獲得大人肯定。小學畢業後，反而覺得我沒有很喜歡那個比較『早熟』的自己。」

國、高中起，他的想法開始有些反叛，「原本對自己沒有很大的覺察，是國、高中以後，讀的書愈來愈多，經歷一些事情後，思考變得比較深沉嚴肅。」

八〇年代前後，在陳樂融即將高中畢業之際，一位就讀南部學校的校友回校分享，好心「勸告」學弟們不要選讀南部學校。那時坐在台下的陳樂融心生排斥：「我們有那麼了不起嗎？再興學生就不能去念南部學校？」

選填大學志願時，陳樂融只填了三所國立大學科系，其中台灣大學土木系還是在老師要求下，才加進志願序。「我很清楚自己上不了台大土木系，不是錄取成大建築，就是成大土木，」他淡然地說，結果真的一如他的預期，聯考成績跟歷屆模擬考成績相差不到十分，錄取成功大學土木系。他笑稱自己就像一個穩定型選手，很清楚自己在做什麼，並非冒險行事。

渴望沉潛，卻藏不住鋒芒

三、四十年前，還未有便捷的高速鐵路，從台北到台南必須坐好幾個小時的火車才抵達，南部各項資源也不如北部豐沛，因此赴外地求學是件辛苦的事。但對陳樂融來說，他反而有所期待，因為從小到大都在台北讀書，且都待在一路直升的私教體系，「成大是陌生，而且沒有熟人的地方，一切必須重新摸索。」

對陳樂融而言，就像從被豢養的都會大鐵籠放出來的小鳥，在成大的時光，是以往不曾體驗過的自我追尋與解放之旅，他甚至參加過十餘個社團，包括：滔滔社、成大青年、筆會、西格瑪社、國際關係研究社、話劇社等。

一度，陳樂融不想受人矚目，只是天生具有成為公眾人物的特質，機會往往主動找上他。

他從各系候選人中脫穎而出，擔綱大一新鮮人之夜的主持人，在一萬個學生面前嶄露主持功力，他與搭檔的女主持人更成為校園熱門話題之一。

同年，台南市府歡慶國慶典禮，陳樂融以成大學生身分受邀致詞，並在致詞後，與各士農工商代表，一同站在吉普車上，於台南大街遊行。

同時期，陳樂融訂了許多雜誌，大量閱讀，並投稿報章雜誌，曾在三年內拿到九座五個類別的成大「鳳凰樹文學獎」，還主辦校園影展。種種修潛自我的養分，讓大學就讀土木系的陳樂融，在畢業後能受到財經雜誌社、唱片公司青睞。

> 人生很寶貴，有太多有趣、可愛、豐富的事情，不應該浪費在令自己為難的事情上。

然而，這些「出格」行為，也讓他與土木系顯得格格不入，「那時土木系有六十幾個同學，應該很多同學都擔心我將來怎麼辦。」

要繼續做你自己想成為的樣子，還是要變得「合群」？

「你要自己做決定，然後去實踐，再決定你要不要改變現狀，」陳樂融認為，每個人都要為自己負責任，所以，儘管沒有在本科系學問上找到熱情，但他靠自己找資源、投資興趣與專長，仍在成大開創豐富的大學生活，「我認為，最好的大學就是讓每個人活出自己的樣子。」

看不見下個賽道，也要努力闖關

陳樂融從小到大都喜歡閱讀、寫作，但在重理工、輕文組的社會氛圍，選填志願很自然往理工組走，「那時會覺得，只要還有一點能應付理組的能力，就該選讀理組。」

不過，就讀土木系，他第一個學期就後悔了，「我才明瞭我的雕蟲小技只能應付高中的測驗，無法真正鑽研這些學問。」

大一下學期，陳樂融本來希望轉至建築系，但土木系班上六十多位學生有高達二十幾位送件，最後唯有班上第二名轉系成功，也就是後來知名的建築師李天鐸。

攻克難關，才能轉戰下個舞台

大二下學期，陳樂融一科死當、兩科活當，於是再次認真思考是否該放棄土木系。暑假回台北，他跟父母提出轉學考台大社會系的想法。不過，最後他放棄轉學的念頭：「我那一刻突然下了決心，決定創造某種程度的雙贏，我會痛苦地念完剩下兩年，拿到父母認可的文憑，但畢業後，對不起，我就要跟土木掰掰了。」

在陳樂融的想法裡，「土木如果對我來講很艱難，我就要盡快攻克它，把這一關結束，才能轉戰到下一個舞台。我覺得人生很寶貴，有太多有趣、可愛、豐富的事情，不應該浪費在令自己為難的事情上。」

所以，對他而言，「大二的暑假，我很難過，可是也非常清醒。我決定進入一個為期兩年的戰鬥營。」

在力求如期畢業之餘，陳樂融還必須在剩下兩年找到出路，但當時他其實並不清楚自己未來想做什麼，「我不知道天底下有什麼

以自己為品牌

陳樂融不喜歡被外界貼上特定標籤，他遊走於作詞家、作家、主持人、編劇、文化評論家、品牌及營銷顧問等角色，多方位經營自己。二〇一〇年，他出版了《我，作詞家──陳樂融與14位詞人的創意叛逆》，出席台北國際書展。

事情適合我，擁有讓我創造發揮的空間。」他只知道，自己不想做理工類的工作。

還好，因為興趣多元，也參與許多課外活動，「我想這裡面，總有我的綜合能力可以應用的空間，讓我找到跟未來職場崗位對接的機會。」這個轉念，支撐他度過那段迷惘期。

為了在自我興趣跟實際的社會需求間找到連結之處，他在大學時期訂閱了《人間》、《天下雜誌》、《大自然》等刊物，希望看看外面的世界是什麼模樣。他笑說：「我算是努力身體力行：不要抱怨環境箝制你，你要反過來找到和環境談判的籌碼。」果然，藉由專注在本科系課業以外的興趣，他成功覓得成長的養分，培力自我，這也成為他與環境談判的武器。

憑藉著決心，陳樂融順利讀到大學四年級，一邊修讀最後一學期剩下的十幾個學分數，一邊準備預官考試，與留學要求的托福、GRE 等英語能力測驗。

他肯定自己那時的努力，但也形容當時的自己像是即將離開土木賽道的選手，卻還不知道下個賽道在哪，未來充滿未知。

把自己變成品牌

當陳樂融順利考完語言檢定，卻正好遇上家中經濟狀況變差，他只好放棄赴國外留學的想望。畢業後先當預官，之後短暫進入天下雜誌出版社一段時間。擔任《天下雜誌》採訪編輯時，他是首位被破格錄用的非新聞、財經相關科系畢業生。

後來，他曾計劃在台灣考研究所，但才準備了一個半月左右，大學同學就建議他應徵飛碟唱片的文案企劃。對這個職位，他的想像有限，只抱持著不妨一試的心態面試，沒有懷抱太大期望。

沒想到，這一試，開啟了陳樂融在流行音樂圈的時代。

二十五歲入圈，在而立之年與另一位作詞人王蕙玲以〈瀟灑走一回〉分別抱回金鼎獎「最佳作詞人」與金曲獎「最佳年度歌曲」獎，三十多年來創作出許多首在華人世界高度傳唱的流行歌歌詞，張雨生的〈天天想你〉、郭富城的〈對你愛不完〉、歐陽菲菲的〈感恩的心〉……，都出自他手。

> 不要抱怨環境箝制你，你要反過來找到
> 和環境談判的籌碼。

不僅如此，他企劃包裝數百張唱片，在二十多歲時開始在多家電台主持廣播節目，還是「飛碟電台」成立的關鍵推手，並且在千禧年擔任華人世界迄今最長壽的網路節目《銀河面對面》主持人，播出至今二十餘年。

同時，他也是作家與劇作家，出版二十多本書、編寫二十多部舞台劇與音樂劇劇本，並擔任各個單位的理事、委員等，頭銜不計其數。

陳樂融的官方網站「陳樂融自選輯」，他將自己做為一項個人品牌，有條不紊在「關於」區域列出履歷、大事紀、實體書出版紀錄等。

陳樂融，其實很難用單一角色來定義他。這一點，也反映在他履歷第一段的自述上：知名創作人、媒體人、策劃人。遊走於作詞家、作家、主持人、編劇、文化評論家、品牌及營銷顧問、人文心靈講師等角色。

「大家都會說林夕是王菲的林夕、方文山是周杰倫的方文山，但有誰會說陳樂融是誰的御用作詞人？」陳樂融不喜歡被外界貼上特定標籤。

比起外界常稱呼他為資深流行音樂工作者、作詞人，陳樂融更喜歡他為自己貼上的「多元創意家」標籤，這也確實更適合他。

甚至，要把他歸類為哪個產業，也不容易。

大隱在朝

雖然淡出娛樂圈，但陳樂融長期主持IC之音讀書節目《理性與感性》、網路節目《銀河面對面》，也不定期寫舞台劇、音樂劇劇本，做一些他熟悉而且擁有正能量的事。

橫跨流行音樂、影視、劇場、出版、企業，他既屬於也不屬於這些產業，「對鑽研特定領域一輩子的人來講，我就只是一個客卿，格格不入，儘管這客卿可以做到某種聲量或位置。」

陳樂融坦言，即便在外界視為事業上升期的階段，偶爾還是有不得志的感覺，或甚至懷疑別人是否「識貨」，但他的務實、理性，讓他體悟到人類社會本就人治，何況身處軟性的藝文娛樂產業，不只要有能力，還需要有機緣、貴人，甚至班底，「天底下沒有誰必然一定要坐在某個位置，尤其是軟性產業。」

境隨心轉，有捨才有得

回顧陳樂融大學畢業後的歲月，有如一雙命運之手推動他，開創黃金年代。他是享盡名與利的「人生勝利組」，但不惑之年後，卻選擇半退休、半隱士的淡出狀態。

多年前，他便已拒絕非關個人作品的訪問，三年多前更退出臉書與微博等現代人常用的社群自媒體，選擇把想說的話放在部落格「陳樂融自選輯」，部分文章更設置了索取制的密碼。

半退休之初，陳樂融仍投入不少心力於文化事務的公領域，譬如，他曾擔任金曲獎、金馬獎、電視金鐘獎、廣播金鐘獎、台北電影獎等跨領域評審、中華音樂著作權協會董事長、台北市音樂創作職業工會創會理事長等，「我服務、奉獻文化事務的心一度比較強烈，但走過一遭後，對產、官、學各界又有新的領悟，後來有次跟後輩開玩笑說：國家留給你們了！」陳樂融的心境再次轉變，不變

由心選擇

陳樂融退出自媒體、淡出職場第一線，以形而上的事物，引導自己繼續探索人生，但另一方面，他仍然習於觀察社會脈動，並且大量書寫記錄。出世與入世，一切由心篩選。

的是他仍誠實跟隨自己的心。

對他來說，退隱有不同層次，「大隱在朝、中隱在市、小隱山林」。因此，現今仍持續做些輕鬆的工作，例如：從二〇一一年主持IC之音讀書節目《理性與感性》、網路節目《銀河面對面》，也不定期寫舞台劇、音樂劇劇本。

問題是，這些工作的報酬相對並不豐厚，為何他反倒堅持要做？他一派直率回覆：「因為很簡單，而且負面能量低於正面能量，加上我仍念舊。」

壯年時，他選擇從五光十色的娛樂圈急流勇退，將重心轉為對生命的探尋。「我寧可在家追劇、睡覺、練瑜伽，讀想讀的書、跟喜歡的人相處，這就夠了，但這些簡單的幸福，可能很多強者要經歷過某些人生變故，才會捨得，」走過一甲子，經歷無數桂冠加冕，現今的陳樂融反倒嚮往恬淡的生活。

因果自負，人間瀟灑走一回

回顧大學時期兩次嘗試「出走」，陳樂融笑著說，若成功轉系或轉學，他的人生不會發展成現今的樣貌。反倒是因為有兩次失敗的出走經驗，讓他開啟一趟豐富的人生之旅。性格與命盤造就選擇，而人生眾多的選擇又堆疊出現在與未來。

「我的熱情跟冷峻是並存的，因為清楚知道，人要為創造什麼樣的因果負責，」陳樂融一路以來都活得非常「自覺」，就如當年他成功預測自己將錄取哪間大學。

從一九九〇年代起，陳樂融開始鑽研各項命理，也曾在《蘋果日報》開闢名家專欄，以命理剖析時事，透過紫微斗數與星象已解析數千例命盤。

陳樂融活得既出世又入世。他自剖：「我都在鑽研形而上的事物，藉由這些古老的生命智慧、養分，讓我去尋求、叩問天意，探知人生到底該怎麼走。」所以，他退出臉書、微博等自媒體，也幾乎淡出娛樂圈第一線多年，但「陳樂融自選輯」上的評論或命理解析，仍與時事緊密相關。

他習於觀察社會脈動，並大量書寫記錄，只是選擇保持一定距離，不像大多數人，產製內容後藉由自媒體廣傳於世，他只上傳於自家網站，邀請主動造訪的網友閱讀。

「其實我對每一份工作都很容易不耐煩，說難聽點，這就是我現在沒有成為什麼偉大人物的原因，」比起這番自謙之詞，陳樂融的人生更有如他經營的部落格名稱「陳樂融自選輯」，不以現代流行的分眾主題包裝，而是「從心」篩選自己人生想收錄、播放的「曲目」。

「歲月不知人間，多少的憂傷，何不瀟灑走一回……」三十多年前，陳樂融及王蕙玲作詞的〈瀟灑走一回〉，歌詞，也有點道出陳樂融現實中的人生哲學。

撰文／陳芛薇．攝影／黃鼎翔．圖片提供／陳樂融

陳樂融：勇敢試出生命的苦與甜

現在的傳播產業已經不叫多元，是大亂鬥了。沒有權威、資深、老師傅的空間，傳統廣播已如此式微，更不會像過往勢必要由誰主持才行，每天都可能有自媒體橫空出世。

傳統廣播跟新媒體是完全不一樣的生態，會有新的生態原住民誕生。現在就是人浮於世的世代，而且，在藝文娛樂內容產製的軟性行業，你真的歌詞寫得比別人好一百倍嗎？不見得吧？即使你真的主持得很棒、很溜，但是我也可以捧另一個人呀？所以，這個時代，沒有必然要具有某項專業才能成為某種專業的事與人，就像不用是攝影專業出身，也可以成為攝影師。

沒有一間公司可以滿足我們所有的綜合能力，也不需要。人生勞逸要平衡，同樣工作跟興趣也可以平衡，喜歡的事情不一定要做為職業，不是所有會唱歌的人都要去當歌手、外貌出眾的人就要當模特兒。有些事情，一旦變成職業，就不見得那麼好玩了，像是上班族要應付長官、客戶，或網紅要應付網民，才能換取收入。

所以，我給年輕人的建議，就是在社會新鮮人初期，真的要稍微勇敢點。我在出社會前一、兩年也轉換很多工作，就像很多人說的，至少進入職場後的前兩、三年可能還有機會轉行，因為你對很多業種不了解，像是每個產業到底有多甜，或在那個甜中有沒有含著苦味，都必須要進去以後才會領悟。

國家生技研究園區
NATIONAL BIOTECHNOLOGY

淡定自在

吳漢忠 中研院生醫轉譯研究中心主任

成就別人比成就自己快樂

性格質樸、謙卑內斂，
面對無常的人生起伏與挑戰，
吳漢忠始終正向以對，
在蜿蜒的道路上創造卓越。

來自全球共一七五位新科美國國家發明家學院（NAI）院士，於二〇二一年六月飛往美國佛羅里達州參加頒獎典禮，這是學術發明家最高榮譽，目前全球有一四〇三位NAI院士，來自兩百五十家頂尖學術機構、政府及非營利研究組織，共計擁有超過四二〇七七項美國專利。

這次獲選名單中，有一位新科院士，來自台灣，他是中研院生醫轉譯研究中心主任吳漢忠。

擁有「中研院技轉王」稱譽的吳漢忠，致力於癌症及傳染病新療法的研發，也長期著重基礎及轉譯醫學研究，迄今已發表超過一百三十篇國際期刊論文、申請一百二十二項專利，其中八十三項已獲得專利，涵蓋六十八個專利家族，包含二十項技術已成功授權給生技公司、七項技術正進行臨床試驗或上市銷售、七項專利正進行前臨床試驗……

說來恐難以置信，這樣一位對台灣及全球生技醫藥產業和藥物開發帶來實質貢獻的創新研究科學家，竟是土生土長的台灣博士，百分之百「MIT」（台灣製造）。

厚德才能載物

從小，吳漢忠在桃園新屋鄉永安漁港旁的淳樸村莊長大，父母親在台北工作，他跟弟弟、妹妹由爺爺、奶奶照顧，直到中學才搬至台北。

那個年代，交通並不便捷，永安漁港雖緊鄰新竹，卻要換三、

謙卑自牧

成大完善的教學與研究資源、富含人文底蘊的校風，讓吳漢忠養成謙卑內斂的個性，以及求真求實、勇往直前的態度；他也在學長姊與師長的照顧下，逐步適應南部熱情且充滿人情味的生活。

四種大眾運輸工具才能抵達台北。也因此，吳漢忠的成長與人格養成，深受祖父母影響。

爺孫攜手走在鄉間小路時，他經常看到爺爺邊走邊踢石頭，原本以為爺爺在玩，幾次後，忍不住探問，才知道真相：「爺爺說：『石頭在路中間，容易絆倒路人，或腳踏車壓到而摔車跌倒，如果開車急駛輾過，石子可能會飛濺彈傷路人。』」

長輩的貼心之舉還有許多，譬如，每當颱風過後，爺爺、奶奶便拿著掃帚，將馬路上的落葉、折斷的樹枝及吹來的各種垃圾和障礙物，一一清掃乾淨。

此外，祖父母常常耳提面命：「吃人半斤，要還人十六兩。」意思是「受人滴水之恩，必當湧泉以報」，回憶往事，吳漢忠嘴角蕩漾笑意，溫言暖語中，盡是一派儒雅。

身為長孫的吳漢忠，將敦厚樸實家風傳承並實踐在工作與生活中，演化成一顆善良的心，廣結善緣。他認為，這就是「積德」，

縱情研究

在充滿古樸韻味的府城，吳漢忠（左一）如海綿般努力且廣泛學習，大學生涯既知性也充滿感性；而大四時遇見恩師吳華林（右一），更啟發了他對學術研究的高度興趣，真正感受到什麼是「做研究」。

厚德才能載物。

學風薰陶，涵養人生底蘊

跟著祖父母生活，一直到國中時期，父母才將吳漢忠接到台北，他笑說：「一開始很不習慣，在鄉下都是班上前三名，到了台北才發現資源落差太大，成績排名大幅下滑。」

還好，他很快克服這樣的落差，並奮力直追，大學聯考時考取成功大學生物系（二〇〇四年更名為生命科學系），少年再度離開父母，隻身南下求學。

吳漢忠是成大生物系第三屆學生，而一九八〇年代中期，台灣生技產業正要興起，分子生物相關領域也剛起步，成大生物系當時是新興科系，系上老師都是海外歸國一時之選，充滿熱情又有衝勁，對教學與研究都十分投入。

「我相當幸運，成大是一所教學、研究資源完善的綜合大學，校風樸實真誠，有深厚的人文底蘊，讓我養成謙卑內斂的個性，以及求真求實、勇往直前的態度，」回首青春，大學四年薰陶，於他，有滋有味。

孔廟、安平古堡、夕照等古都風光，成了他回味大學生涯難忘的美景。初抵成大，就受到學長姊熱情照顧，假日也常安排活動，例如：古都巡禮，在師長們的解說導覽下，深入了解台灣早期歷史與文化，也逐步適應南部熱情且充滿人情味的生活。

剛進成大不久，有次上課，吳漢忠靠在桌子前聽課，卻突然身體不適，昏倒了。講課到一半的導師黃定鼎，第一時間將吳漢忠送往醫院急救。

不知道自己昏睡了多久，他只記得，醒來後，看到老師握著他的手，語氣輕柔卻有些急促地問他：「有沒有舒服一點？」

「老師當年那溫柔眼神，就像父母親關愛兒女般，我到今天仍記得很清楚，」吳漢忠微笑回憶，思緒不自主飄往遠方。

大三那年，導師換成郭長生，專長禾草學及植物生殖學，喜愛廣泛接觸各學門、多元學習的吳漢忠經常跟著老師走入原野林間採集、觀察、做研究，無形中累積不少有關植物分類的相關知識。

> 我體會到，成就別人比成就自己快樂。

當年的老師們如今一一退休，但師生感情濃厚，仍保持密切聯繫。尤其，郭長生退休後開始學素描，得意門生吳漢忠成了他素描筆下的主角——郭長生將吳漢忠這幾年屢屢獲獎的新聞資料及照片保存下來，剪貼成冊，整理繪製成月曆。

「我收到時非常驚訝，老師的畫維妙維肖，神韻像極了，月曆總共十二張，每一張都藏著老師的用心，」已步入中年的吳漢忠談起成大師長們對他的疼惜呵護，臉龐泛起甜甜笑意，彷彿回到少年時光。

那段時期的影響非常深遠，直到現在，「我不斷提醒自己，也要用相同的心情照顧自己的研究生，」他總說自己很幸運，能獲得那樣好的導師眷顧，也期許能夠傳承師長照顧後輩的精神。

恩師啟蒙，確定未來志向

在充滿古樸韻味的府城生活，觀潮聽浪之餘，吳漢忠如海綿般努力且廣泛學習，大學生涯既知性也充滿感性；尤其幸運的是，大四那年，遇到了啟蒙他一生的恩師，吳華林。

升上大四時，吳漢忠已確定自己想往醫學領域發展，所以他選擇去成大醫學院生物化學研究所（生物化學暨分子生物學研究所前身）選修研究論文課程，接觸當時頗熱門的領域——生物化學，論文指導教授是剛從美國返台的教授吳華林。

「我到那時才真正感受到什麼是『做研究』，」吳漢忠自析，以前都是邊玩邊念書，直到進入吳華林的實驗室，才啟發了他對學術研究的高度興趣。

當時，他參與的是溶血纖維蛋白酶研究。簡單來說，在正常生理狀況下，人體可以自行溶解非必要的凝血，避免中風或心肌梗塞，而所仰賴的「祕密武器」就是溶血纖維蛋白酶。問題是，研究材料哪裡來？通常，需要靠豬血，於是在清晨朦朦微光中，他跟著實驗室助理去屠宰場守候，採集滿滿一桶豬血後再趕回實驗室，進行溶血纖維蛋白酶純化的工作。

先將豬的血液透過離心機分離，分離血球後取得血漿，再加入蛋白純化凝膠，等待反應，再充填成管柱⋯⋯，吳漢忠解釋，需要將血液處理告一段落才能離開實驗室，但往往告一段落時，已經三更半夜了。

不僅如此，有一次，要做抗癌藥物實驗，需要採集一種很特別的植物種子——雞母珠，純化它的mRNA（信使核糖核酸）做為實驗材料，吳漢忠輾轉打聽到，在某個季節、台南某處的墓地，能採集到雞母珠，便邀請成大朋友一起，前往墳場採集……

回憶大四這年，他坦言：「很累，但我不覺得苦，因為有興趣。而且，吳老師非常有耐性，每次我問老師問題，他就拿著一支筆、一張紙，邊畫邊解說，問問題三十秒，老師詳盡回答三十分鐘。」

有拚勁，不出國也能成大事

熱愛研究的吳漢忠，有一顆十分柔軟的心。

因為在實驗室表現傑出，吳華林稱讚吳漢忠：「你是我少見非常優秀、很有能力做研究的人。」而他也憑著自己的踏實努力，獲得了吳華林的極力推薦，前往美國一流大學深造。

但，深思熟慮後，他選擇留在台灣。

「爺爺不同意，他怕我去美國就不回台灣了，」吳漢忠說，老人家很傳統，只希望兒孫在旁、平平安安、傳宗接代，就是最大的滿足。

這樣質樸的心願，他捨不得拒絕，便決定留在台灣，從碩士念到博士。

成大畢業後，吳漢忠陸續考取台灣大學生物化學研究所碩士、病理研究所博士班，對研究的高度熱情與投入程度依舊不減，總是到凌晨才離開實驗室，回家小憩片刻，清晨醒來又迫不及待趕往實驗室。或許正是這股拚勁，僅花三年，便獲得博士學位。

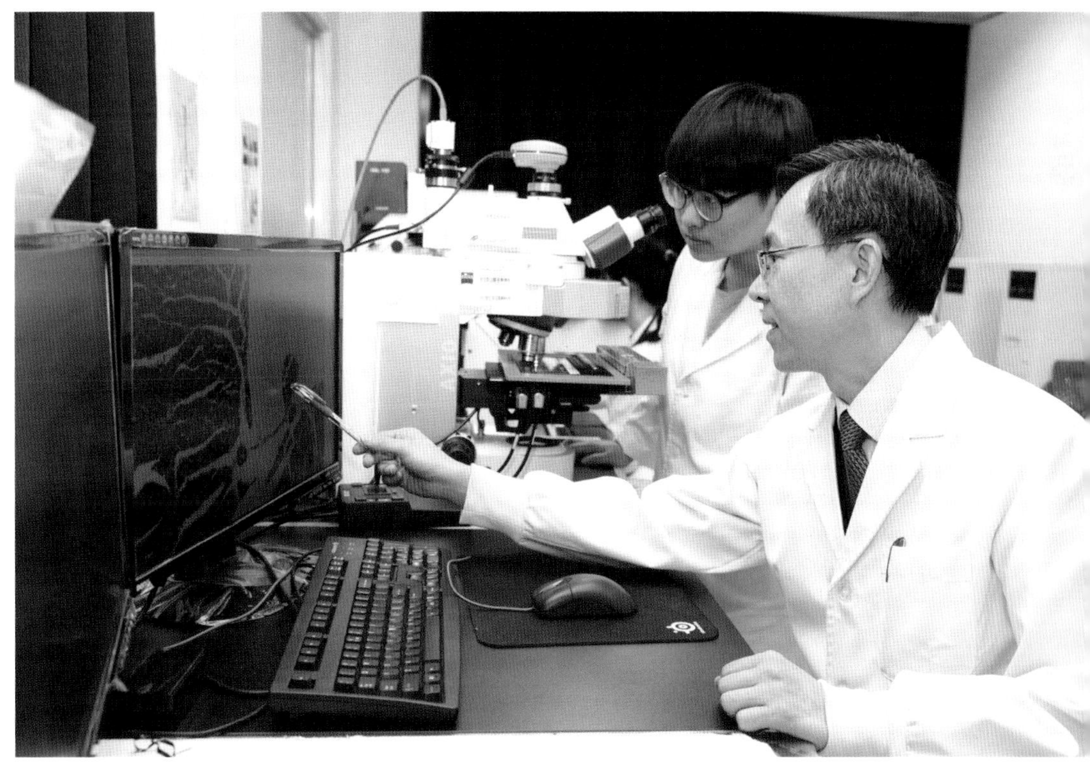

享受成就他人的快樂

生命總會遇上突如其來的變化，吳漢忠（右）意外接下中研院智財技轉處處長一職，更同時扛起細生所代理所長職務，肩上壓力沉重。儘管如此，秉持著「成就別人比成就自己快樂」的心，他不遺餘力地培育人才，至今已培育超過四十五位碩士、二十三位博士及十五位博士後研究員。

完成博士學業數年後，吳漢忠也為人師表，留在台大醫學院任教，同時在病理研究所與牙醫學院進行癌症研究。此時，油然而生的同理心，成為激勵他的最大動能。

懷抱使命投入癌症研究

每次經過腫瘤醫學部癌症病房，看到許多接受化療，因副作用而飽受折磨的患者，他暗自發願，一定要趕緊做出成果，幫助更多人早日恢復健康。

懷著使命，他一心鑽入癌症研究，成果相當豐碩。

在台大任教四年後，吳漢忠獲聘擔任中研院細胞與個體生物學研究所（簡稱細生所）研究員，成功開發了標靶抗癌藥物傳輸系統，可將藥物精準輸送到腫瘤部位，防止細胞毒性產生；發展出噬菌體顯現法，可用來尋找多種腫瘤標靶胜肽，並且鑑定特殊表現受體，以及製作全人抗體，進行抗體新藥開發。

生命的軌跡，若這般順順地走下去，他應該就是一位單純的基礎科學家。原本，他也是這樣以為，並且依此規劃未來。偏偏，人生劇本未必能如己所願。

擔任中研院細生所副所長六年後，吳漢忠原本規劃出國進修，卻再次錯過了。相較於當年因為老人家的要求而放棄，心中雖有遺憾卻終究坦然，這次，則是多了幾許對於生命無常的感慨。

當時，擔任所長的謝道時因病離世，吳漢忠責無旁貸接下代理所長一職。

緊接著，中研院發生「浩鼎案」，時任智財技轉處處長離職，放眼周遭，就屬他的歷練與專長最熟悉也最適合接任。

這位一心只想投入基礎科學研究的科學家，只能承擔長官欽點，扛起智財技轉處處長一職，期間同時代理細生所所長職務。

把挑戰當機會

初掌智財技轉行政工作，範圍涉及各種科技的智財權保護、科學技術移轉、行政管理、制度法規等，加上浩鼎案帶來的衝擊，這段期間，若說是吳漢忠有史以來最深沉的「靈魂暗夜」，應該也不為過。

> 高興是一天，愁眉苦臉也是一天，我當然選擇正面以對。

「當時我面臨極大的挑戰，要在很短時間內弄懂複雜的法條規章、內部管理⋯⋯，許多制度面的難題要不斷修正，我不是學法律的，要從頭學，試著解決問題⋯⋯」

數不清多少個晨昏寒暑，白天投入繁瑣複雜的行政工作，晚上及假日帶研究生做研究，吳漢忠搖頭苦笑，坦言自己好幾次想掛冠離去。

到底怎麼熬過那段時日？

「就當成是讓自己學習成長的好機會，」他輕描淡寫帶過。

不懂可以學，有「心」最重要

「不懂可以學，有心比較重要，」吳漢忠說，是謝道時讓他擁有如此深刻的體悟。

他印象很深刻，謝道時即使在生病後，依然每天拿著一杯水，遊走於各個辦公室，協助指導年輕研究員。看見那樣的畫面，「我

恪守初心

擁有「中研院技轉王」稱譽的吳漢忠（中），致力於癌症及傳染病新療法的研發，也長期著重基礎及轉譯醫學研究，為台灣及全球生技醫藥產業和藥物開發帶來許多實質貢獻，在二〇二一年六月獲頒學術發明家最高榮譽——美國國家發明家學院院士。

體會到，成就別人比成就自己快樂。」

也正因如此，即便行政工作繁重，對於人才培育，他始終不遺餘力，至今已培育超過四十五位碩士、二十三位博士及十五位博士後研究員，這些人才在產、學、研等領域都表現傑出。

此外，他也學習到轉念，「高興是一天，愁眉苦臉也是一天，我當然選擇正面以對。」

於是，有著溫和性格、擅於調和鼎鼐，加上不怕失敗、勇於接受挑戰並努力不懈的吳漢忠，帶領團隊屢創佳績，在行政管理職也表現亮眼。二〇一九年，中研院成立國家生技研究園區生醫轉譯研究中心，他成為首位遴選主任，負責推動創新生技醫藥的開發。

「創新基礎研究是台灣在生技醫藥發展上很重要的一環，而生技製藥又是國力的象徵，」他說，自己很樂於帶領生醫轉譯研究中心與國際接軌，尋求更多合作機會，並負起協助技轉重任，加速產品開發，從二〇一九年迄今，在他與團隊的努力下，生技園區廠商進駐率從一八%到一〇〇%，讓台灣生技發展更為蓬勃茁壯。

擴大研究影響力

在研究本業上，吳漢忠也有斬獲。他帶領團隊破解癌症惡化的關鍵機制，將藥物精準送入腫瘤細胞；近期，又成功研發對抗癌症的抗體新藥，在過去研究登革熱診斷及治療研究的扎實基礎下，從中快速開發出新型冠狀病毒的診斷、治療與預防，在半年內做出成效並獲得衛福部緊急授權，研發出SARS-CoV-2抗原快速篩檢試劑，只要十五分鐘即可判讀結果，對第一線大量篩檢及醫療設備較不足的地區堪稱一大福音，甚至擴及海外。

在二〇二二年新冠肺炎疫情嚴峻之際，慈濟大學希望可以將SARS-CoV-2快篩試劑送往印尼、玻利維亞、多明尼加、賴索托、聖露西亞、柬埔寨等醫療量能檢測不足的國家。獲知這個消息，吳漢忠便全力相挺並無償授權，陸續送出二十萬劑，協助當地防疫。

此外，「在中研院廖俊智院長的整合下，我們是全球最早發表Omicron mRNA核酸疫苗研究論文的團隊，」吳漢忠欣見團隊努力有成，也對未來抱有深刻期許，「中研院擁有強大的研發能量，接下來的任務是加速建立完善的生醫生態系，並努力做好傳承，為台灣年輕科學家打造更好的研究舞台。」

說自己故事時顯得低調又內斂的吳漢忠，提到研究團隊甚至整個中研院的優異成果時，眼神格外炯亮。

一如他不斷強調的「成就別人比成就自己快樂」，背負起國家生技研究園區發展的重責大任，他心心念念的，早已超越個人學術成就，而是希望把更美好的園區交棒給下一代，帶領台灣生技產業走入下一個輝煌的世紀。

撰文／林芝安．攝影／林衍億．圖片提供／吳漢忠

吳漢忠：在成功榮耀的浪尖時，記得謙卑

現在的年輕朋友比我們當年有更多機會，因為網路發達、資訊容易取得，能吸收的知識更豐富多元。

所以，我想勉勵學弟妹們，趁年輕時多接觸不同領域，學習多元的知識、技術和思維，再專注投入有興趣的領域，不要自我局限，因為廣泛學習知識與技能可以觸類旁通，日後都有機會派上用場。

人生的際遇起伏難料，我已不記得遇到多少挫折，一個專利、一個技轉到一個產品，每個研究都是「十年磨一劍」。每次獲獎、得到榮耀的時刻，開心不過幾天，其他三千六百個日子，失敗只是日常。

回想大學時期，我在安平海邊看海浪起起伏伏，便提醒自己，人生也是如此，遇到困難不要輕言放棄，要堅持到最後；在逆境時，要記得「感謝發生」，我們具有改變的力量，心能轉境，將危機化為轉機；在成功榮耀的浪尖時，記得謙卑，提早為下一次失敗做好準備。

總之，及早培養興趣，有興趣就會投入，投入就可成為專業，成為專業就會受人敬重，自然會產生追求卓越的力量。

永保好奇

張嘉淵 廣達電腦技術長

超越地心引力的創新能量

帶著良善的初衷，
以及勇於付諸行動的決心，
張嘉淵創造出一個充滿能量的重力場，
用科技之力創造更美好的未來。

一個人的一生中，若能在某個領域具有傑出成就，已經非常難得，但是廣達電腦技術長暨副總經理、廣達研究院院長張嘉淵，就像二十一世紀的達文西，總是能在科技與人文之間悠然探索。他既是廣達的「大腦」，負責廣達前瞻產品研發、未來科技策略及全球研發合作；同時間，他也是個深具品味的資深古典音樂和表演藝術愛好者。

張嘉淵在全球擁有超過兩百二十多件的設計與發明專利授證，懷抱豐沛的創造力與高度紀律的執行力，致力於提升人類社會的生活品質。

不論是降低開發中國家數位落差的百元電腦OLPC、著眼於更好未來的智慧醫療與智慧農業，或者是以AI和雲端運算技術為兩廳院重新打造售票系統OPENTIX，背後都有一個共同的初心——帶著好奇心去窮盡難題，持續思索如何善用科技的力量，創造更好的未來世界。

珍惜每一個生命安排

穿著柔軟深色外衣，臉上戴著鏡框不對稱的設計師眼鏡，張嘉淵和一般人想像中嚴肅的科技人很不一樣。不論談論的是多麼高深的科技研究，他總能在艱澀費解的專有名詞之外，穿插一個又一個幽默有趣的故事。

張嘉淵深厚的人文底蘊，或許可追溯至在大稻埕成長的經驗。大稻埕就像是文藝復興時代的佛羅倫斯，不只是台灣貿易的重鎮，也是藝術文明的要地。

在上小學之前，張嘉淵時常跟著附近退休的老仕紳一起欣賞黑膠古典音樂，而住家附近的保安宮更是百姓信仰的中心，耳濡目染之下，加上青梅竹馬的留美鋼琴家太太簡妙芬影響，自然培養出藝術鑑賞的開放心胸與品味。日後張嘉淵在成功大學就讀時，還曾連續三年在台南文化基金會及奇美基金會的支持下，於華燈藝術中心及現代藝廊主持講解超過兩百場的古典音樂講座。

整個世界都是教室

張嘉淵（中）就讀成大航太系時，系上的必修課極為繁重，從宇宙天文物理、燃燒、結構與材料到導航與控制等，都要有所涉獵：在課業之外，各式各樣的社團與比賽也非常蓬勃發展，例如，全系熱烈參與的「丟雞蛋大賽」，看似只是一場遊戲，其實考驗的是對工程力學的理解。

從大學、碩士到博士班念的都是成大航太系，後來因緣巧合進入廣達至今超過二十年，張嘉淵打趣地回憶，過去他每天前往太平國小上課途中，都會經過老店廣達香肉鬆，「沒想到長大之後居然會進廣達工作，可見上天其實已經給你很多關於未來的線索。」

就連他進入成大航太系，也有一個充滿趣味的故事。

雖然從小就喜歡組裝飛機模型，嚮往抗拒地心引力的自由，但是張嘉淵並沒有想要以此為業，再加上長輩希望他走向醫科，所以

文藝復興魂

張嘉淵（中）在科技與人文中探索。在成大就讀時，他連續三年在華燈藝術中心及現代藝廊主持講解超過兩百場的古典音樂講座，不過，當時他恐怕沒想到，日後他所設計的OPENTIX售票系統會獲得日本「GOOD DESIGN BEST 100」設計獎，也成為台灣首度獲得這個獎項的軟體服務平台。

他一開始對於未來其實沒有太多具體的想法。

但是念高二時，張嘉淵與同學一起到台南參觀畢卡索陶藝展，走錯火車站出口，在成大校園中迷路，他隨意找了人問路，對方恰好是成大航太系的教授，還向他介紹當時正在興建中的航太所。

張嘉淵意外認識成大航太系，高中畢業後，也真的順利考取。

從這段經歷，也可以看出張嘉淵浪漫的個性，「你會碰到什麼人、遇到什麼樣的知識，其實都是緣分，」他做很多事情，都是跟著本心行動，珍惜人生路途中遇到的每一個邂逅與風景，「抱著這種心情，你的世界就會愈來愈大。」

保有向天奮鬥的熱情

張嘉淵進入成大航太系時，正值台灣大力培育國防工業人才，系主任趙繼昌才剛從美國史丹福大學航太系回台任教，年輕的教授們不只引入最新的航太知識，也帶回自由開明的風氣。

張嘉淵回憶，儘管系上的必修課極為繁重，從宇宙天文物理、燃燒、結構與材料到導航與控制等都要有所涉獵，但是在課業之外，各式各樣的社團與比賽也非常蓬勃發展。

譬如，全系熱烈參與的「丟雞蛋大賽」，看似只是一場遊戲，其實是在模擬人背著降落傘從高處跳下的情境，如何才能讓脆弱易碎的雞蛋從高處擲落仍然保持完整無缺，考驗的正是對工程力學的理解。

相對於正經八百的課堂，其實整個世界都是張嘉淵的教室。在凝視天空的時刻，他無時無刻不在觀察環境，腦中劇烈思索：這些複雜的方程式究竟和人生有什麼關聯？手擲機逆風飛行時，將阻力轉換成升力的關鍵又是什麼？

在飛行過程中，勢必會遭遇不可預測的風雨及阻力，透過導引和導航、複雜系統整合和自動控制，才能降低飛行的不確定性，這是張嘉淵在恩師楊憲東教授指導下的博士研究主題。

「導航指的是你在哪裡（where you are）；而導引就是你要往哪邊去（where to go），」表面上談的是技術，同時也像是張嘉淵對自己人生的詩意扣問。

張嘉淵始終是一個浪漫的人，他帶著好奇心去追求航太的夢想，渴望用科技的力量，讓飛機高飛至太空，超越人類的極限。

人生是取與捨的過程

拿到博士學位之後，張嘉淵離開熟悉的台南和太空計畫。他的第一份工作是在福特六和汽車負責產品開發，不到一年就晉升系統和品質企劃經理；當時他成功帶領團隊在台開發出全球福特集團第一套車載資通訊系統（Telematics System），可說是自駕車的前身。

這位一鳴驚人的年輕人，吸引了工研院電子所前所長邢智田的目光，而邢智田恰是廣達電腦創辦人林百里的大學同學，當時他剛被延攬加入廣達，肩負著為廣達研究中心招募人才的重責大任。

「一開始，我沒有太大興趣，」張嘉淵坦承，自己最喜歡的還是飛機、汽車等大型動力機械，與林百里第一次會面時，張嘉淵大膽地向林百里說：「其實我完全不懂筆記型電腦。」沒想到，林百里絲毫不以為意，而是告訴他：「沒關係，我們要思考的是，在未來沒有筆記型電腦的時代，我們該做的事情是什麼？」

兩個不安於現有成功、熱中於創新的靈魂一拍即合，張嘉淵決定再次跨出舒適圈。

> 找到限制，才能找到設計的自由；就像有起有落的海浪，碰到岸邊後倒退，又會再蓄積能量向前推進，最終抵達岸邊。

張嘉淵還記得，親友們對他的決定非常擔憂，因為當時廣達名氣不像現在一樣響亮，長輩間還出現「讀到博士，怎麼會去賣肉鬆」的誤解，但他仍然抱持著開放的心胸迎接這個轉折，「人生永遠是取捨的過程，」捨棄掉前景可期的既有職涯，才有辦法迎來另一條雖然不確定卻充滿驚喜的新道路。

創新來自於超越限制

一九九九年，麻省理工學院（MIT）電腦科學與人工智慧實驗室（CSAIL）主任德托羅斯（Michael Dertouzos）在時代基金會的科技論壇上正式介紹「活氧計畫」，研究方向包含電腦視覺、機器翻譯、語音辨識、自然語言處理和機器學習等科技，和目前熱門的AI

概念如出一轍，最終的目的，是希望讓科技像氧氣一樣無所不在，更加貼近人性的需求。

德托羅斯的演講，開啟了廣達對於未來的想像，並在二〇〇五年正式與MIT CSAIL簽約進行策略研發合作計畫，而張嘉淵正是雙方合作的計畫主持人及訪問科學家。

與全球頂尖科學家共同工作、研究，讓張嘉淵浸泡在各式各樣的創新研究之中，但是影響他最深的，卻是這群科學家們對「人」的關懷，以及勇於創新的熱情。

舉例來說，當時MIT媒體實驗室創辦人尼葛洛龐帝（Nicholas Negroponte）找廣達合作開發百元電腦，希望讓開發中國家的每個孩童都能擁有一台筆記型電腦，期盼降低全球數位落差。

沒想到，結果卻不如預期。

科技必須了解使用者需求

當時廣達好不容易開發出的第一台樣機，送到北非後，卻變成一堆報廢零件回來。原來，當地的環境較為艱困，孩童時常在戶外上課，也讓電腦飽受烈陽、暴雨及強風的摧殘；再加上肢體衝突、動物衝撞等原因，電腦更加容易解體。

「原來我們沒有真正理解使用者的需求，」張嘉淵恍然大悟。

於是，廣達團隊重新設計，採用耐摔的塑膠外殼，防進水、防風沙的鍵盤，以及節能的新電子電路設計。為了測試耐用度，他們甚至會將電腦丟在地上、砸在牆上，以確保在劇烈衝擊之下仍可保持運作。

「要做這麼多設計，還要將成本控制在百元美元之下，其實非常困難，」但是張嘉淵卻深刻體悟到，原來真正的創新，並不是在毫無邊界條件下進行，而是面對橫亙在眼前的巨大牆面，還能夠找

有捨有取

張嘉淵（前排左三）在福特六和汽車負責產品開發時，被招攬進當時名氣還不甚響亮的廣達電腦。他毅然決然捨棄掉前景可期的既有職涯，迎來另一條雖然不確定卻充滿驚喜的新道路。圖為二〇〇五年廣達研發總部落成，張嘉淵與林百里（前排左二）帶領當時台塑集團董事長王永慶（前排右三）等貴賓參觀。

到嶄新的出路，「找到限制，才能找到設計的自由；就像有起有落的海浪，碰到岸邊後倒退，又會再蓄積能量向前推進，最終抵達岸邊。」而這正是研究者必須具備的決心與韌性。

每一個出現在實驗室的先進技術，可能會經過十年、二十年才真正被應用。過程中，該如何得知這是值得投入研究的方向？

「我後來發現，最好的研究，永遠是基於一個看起來很簡單或有趣好玩的意念，慢慢開展而來，」張嘉淵舉例，如今成為社群巨

面對高牆也要找出路

廣達在二〇〇五年與MIT CASIL進行策略合作研發計畫，希望讓開發中國家兒童擁有自己的筆電，因而迎向諸多挑戰，開發百元電腦。張嘉淵（前排右四）正是計畫主持人。圖為二〇一五年廣達研究院和MIT CSAIL年度工作坊合影，前排左四為廣達董事長林百里。

頭的臉書，一開始也是從想要打造學生聯誼社團的好玩心情出發。

二〇一〇年，廣達為日本最大的綜合性出版社「講談社」建構雲端數位內容管理平台，不僅成功讓講談社數位轉型、翻轉盈收，每年也穩定替廣達開展不同的機會。但是卻鮮有人知，這個計畫的起心動念，來自於兩個年輕世代天馬行空的奇想。

張嘉淵回憶，二〇一〇年他到日本參訪，在東京表參道的一家鐵板燒，當台日官員和企業家談論著國際局勢，張嘉淵與當時尚未接班的講談社社長野間省伸，天南地北聊著喜愛的漫畫，當張嘉淵聽到講談社還在用光碟來管理數位資產，他熱心地建議，不妨建構一個以AI和海量資料為底層核心技術的雲端平台，將講談社的數位內容資產放上雲端營運。

酒酣耳熱之際，張嘉淵拿著桌上小小一張餐巾紙，就著杯盤之間要大夥兒簽名確認；回台灣後，他把這張小餐巾製成銅牌寄回東京，年輕的企業家也信守承諾，自此開啟雙方多年的合作。張嘉淵說：「這不只是單純的生意，而是出於對內容文化產業的熱愛。」

困難的事才更值得去做

二〇一〇年，張嘉淵晉升為廣達首任技術長暨廣達研究院院長，他必須時時觀察相關科技的發展，不只要將天馬行空的想法轉換成具有價值的創新，還要從企業的角度思考，找出可持續的商業模式。二十多年來，他身上背負的任務愈來愈多。

二〇一五年，林百里將廣達研究院的軟體團隊與兩個硬體事業部合併成BU12事業部，並點名由張嘉淵來領軍智慧醫療及健康照護的新戰場。

要將研發能量從純電腦科學聚焦到醫療場域，也意味著張嘉淵又要再度踏上另一段破壞式創新的旅程，但是他並沒有感到恐懼，而是回頭向林百里確認：廣達跨入醫療的動機是什麼？

張嘉淵解釋，醫療的市場看似龐大，但是卻極端複雜，每家醫院、每個分科、每位醫生，以及每位用戶的需求都非常不同，還要

無所畏懼

張嘉淵從純電腦科學聚焦到醫療場域，再度踏上破壞式創新的旅程，憑藉良善的初心與對科技的創新熱情，無所畏懼地跨越種種難關，從二〇一七年起，帶領廣達架構出許多智慧醫療、遠距醫療，以及數位健康服務平台，並在新冠肺炎疫情期間，協助遠距偏鄉醫療和醫院的智慧轉型。

面臨不同國家的醫療法規及認證，「這是一個生命的議題，一個巨大的工程，短期內公司無法從中獲利。」

> 用有限的能力去做一個超越限制、一個大家認為不可能的事情，才叫作浪漫。

在確認廣達的起心動念，是為了改善人類的生活水準後，張嘉淵便迎難而上，全心投入。

這種無所畏懼的心態，其實也是來自於過往的經驗。大學時期，張嘉淵親眼看著「華燈劇團」（現名為台南人劇團）這群愛好戲劇的年輕人，即使沒有場地、沒有資金，靠著一張板凳與熱情，也能演出英國劇作家的作品，「那我又有什麼好害怕的呢？」

找出研究的價值並勇於實踐

其實張嘉淵早已經歷過許多挑戰，不論是百元電腦，或是協助講談社數位化，都有無數的問題需要被解決，張嘉淵及團隊也愈來愈有耐心，而每一個踏實的投入，都成為廣達今日投入智慧醫療領域的養分，也讓創新研究的路愈走愈自由。

「用有限的能力去做一個超越限制、一個大家認為不可能的事情，才叫作浪漫，」張嘉淵接著補充，科技人不只要抬頭看見天空，也要將餘光和雙手放在地面，用嚴謹的工程紀律反覆實驗改良，才能順利航向天際。

於是，他帶著團隊走出實驗室，親自進入每一個醫療場域，與醫生、病患實際互動，研發人員才發現，當研發人員自豪於心電圖電極貼片黏性可維持十四天，卻也意味著黏性過強會造成使用者的不適，「如果一直待在實驗室，就無法產生同情心和同理心，找出真正符合醫護和病人需求的解決方案，」為自己的研究找出價值並勇於實踐，這正是張嘉淵真正想要傳達給團隊的理念。

二〇一七年起，廣達以5G和智慧物聯網AIoT平台為核心，成功架構許多智慧醫療、遠距醫療，以及數位健康服務平台，並在新冠肺炎疫情期間協助遠距偏鄉醫療和醫院的智慧轉型。

良善的初心與對科技的創新熱情，至今仍推著張嘉淵不斷向前。二〇一九年，張嘉淵獲總統任命擔任APEC企業諮詢委員會（ABAC）的台灣代表；二〇二一年，他獲邀為支持新興科技小組的共同召集人，二〇二二年更被推舉為數位工作小組（Digital Working Group）的共同主席，運用他的科技專長，協助各國打造更好的智慧醫療體系。張嘉淵形容：「就像是從台灣隊轉變為國際隊，我要重新擴大我的知識架構。」

二十多年前，當張嘉淵剛進入廣達時，林百里便與他分享了「VIP」的概念：先定義願景（Vision），了解自己的定位（Position），接下來就是想辦法找人、找資源、找技術去整合（Integration）。

至今，張嘉淵似乎還在做同樣的事，持續保有對未來的想像力並創造一個充滿能量的重力場，吸引更多志同道合的夥伴加入前行。

撰文／王維玲．攝影／黃鼎翔．圖片提供／張嘉淵

張嘉淵：勇於接受自己的選擇，然後努力實現它

我喜歡航太，但是若畢業之後只能走國防這條路，未來似乎有些限縮。趙繼昌系主任常說，航太系涵蓋層面很廣，例如，自動控制不一定要運用在飛機，也可運用在車子，鼓勵我們勇於嘗試各種領域。

面對不斷改變的世界，除了具備從學校習得的基本知識（know-what），還要學習如何解讀問題的真正核心（know-why），掌握活用知識的創新方法（know-how），才能與時俱進。我剛進廣達時，當時產業最流行的是藍牙技術，但若我們當時只看到眼前的近利，沒有跟著時代變化敏捷調整方向，就不會有後來的3G、4G和5G的成功轉型。

我時常跟我的孩子說，世界很大，不要急著自我設限。對每件事情保有好奇心、持續去尋找原因，從中才會喚起你的同理心與研究熱情，進而想要運用自己的所學來創造改變。我們需要勇敢地走出來，讓創新在真實世界創造真正的新價值。

人生中會面臨很多選擇，每一次的選擇都會帶來不同的可能性，但是沒有人可以預知未來，但未來卻會因為我們的努力與參與而改變；所以在可以看得見的未來裡，我們要做的，就是勇於接受自己的選擇，然後努力實現它。

在這過程中，一定會碰到許多大大小小挑戰，但是只要抱持著開放的心胸與好奇心去面對，就會逐漸鍛鍊出定義問題、找出解決方案的能力。就像我們念航太的人，必須要懂得觀察雲層和氣流，設計飛行的路徑；碰到阻礙就想辦法轉彎，最終你所看到的世界會愈來愈大，也愈來愈有趣。

有意義的大學，應該啟動前瞻思考、具有想像願景的能力，
透過堅持價值及勇於承擔，
合力讓改變發生，共創美好的下一世代。
——蘇慧貞・成功大學校長

國家圖書館出版品預行編目(CIP)資料

成為啟動未來的力量/王怡棻, 王維玲, 王曉晴, 沈勤譽, 林芝安, 陳芃薇, 黃筱珮, 錢麗安著. -- 第一版. -- 臺北市 : 遠見天下文化出版股份有限公司, 2022.11
272面 ; 17×23公分. -- (社會人文 ; BGB547)

ISBN 978-986-525-997-6(精裝)

1.CST: 臺灣傳記

783.31 111018866

社會人文 BGB547

成為啟動未來的力量

作者 — 王怡棻、王維玲、王曉晴、沈勤譽、林芝安、陳芛薇、黃筱珮、錢麗安

客座總編輯 — 蘇慧貞
專案總策劃 — 吳秉聲
專案執行策劃 — 陳昱廷

企劃出版部總編輯 — 李桂芬
主編 — 羅玳珊
責任編輯 — 羅玳珊、馬純子（特約）
美術設計 — 陳亭羽
美術顧問 — 洪雪娥
特約攝影 — 林衍億、黃鼎翔
圖片提供 — 成功大學（P. 8-9、10-11、14、16-17）、邱文彥（P.21、22、25、26、29）、翁朝棟（P.39、41、42、46、49）、富邦金控（P.63）、張永昌（P.73、74、76、79）、陳良基（P.106、110、115）、初安民（P.123、124、129）、鄭世杰（P.136、139、140）、楊陽（P.150-151、154、158、161、165）、蘇大成（P.171、172、177）、杜元坤（P.187、189、192）、佳世達（P.204、207、210、212、215）、陳樂融（P.222、227、230）、吳漢忠（P.239、240、245、248）、張嘉淵（P.255、256、261、262）

出版者 — 遠見天下文化出版股份有限公司
創辦人 — 高希均、王力行
遠見・天下文化 事業群董事長 — 高希均
事業群發行人／CEO — 王力行
天下文化社長 — 林天來
天下文化總經理 — 林芳燕
國際事務開發部兼版權中心總監 — 潘欣
法律顧問 — 理律法律事務所陳長文律師
著作權顧問 — 魏啟翔律師
地址 — 台北市 104 松江路 93 巷 1 號
讀者服務專線 —（02）2662-0012 ｜傳真 —（02）2662-0007；2662-0009
電子郵件信箱 — cwpc@cwgv.com.tw
郵政劃撥 — 1326703-6 號　遠見天下文化出版股份有限公司

電腦排版 — 立全電腦印前排版有限公司
製版廠 — 東豪印刷事業有限公司
印刷廠 — 立龍藝術印刷股份有限公司
裝訂廠 — 聿成裝訂股份有限公司
出版登記 — 局版台業字第 2517 號
總經銷 — 大和書報圖書股份有限公司 電話／ (02)8990-2588
出版日期 — 2022 年 12 月 15 日第一版第 1 次印行

定價 — 500 元
ISBN — 978-986-525-997-6
EISBN — 9786263550001（EPUB）；9786263550018（PDF）
書號 — BGB547
天下文化官網 — bookzone.cwgv.com.tw